mark

這個系列標記的是一些人、一些事件與活動。

mark 106

燈火紐約説人物

作者：周龍章
企劃採訪：楊人凱
責任編輯：瑞尼
校對：陳錦輝
封面速寫：陳丹青
封面設計：顏回
美術編輯：林曉涵

法律顧問：全理法律事務所董安丹律師
出版者：大塊文化出版股份有限公司
台北市 10550 南京東路四段 25 號 11 樓
www.locuspublishing.com
讀者服務專線：0800-006689
TEL：(02) 87123898　FAX：(02) 87123897
郵撥帳號：18955675
戶名：大塊文化出版股份有限公司

總經銷：大和書報圖書股份有限公司
地址：新北市新莊區五工五路 2 號
TEL：(02) 89902588 (代表號)
FAX：(02) 22901658
製版：瑞豐實業股份有限公司
初版一刷：2015 年 2 月

定價：新台幣 380 元
Printed in Taiwan

國家圖書館預行編目資料

燈火紐約說人物 / 周龍章著. -- 初版. -- 臺北市：大塊文化, 2015.02
面；　公分. -- (Mark ; 106)

ISBN 978-986-213-574-7(平裝)
1.周龍章 2.臺灣傳記

783.3886　　103026476

LOCUS

LOCUS

LOCUS

LOCUS

周龍章 ALAN CHOW

燈火紐約說人物

MY LUSTROUS LIFE

目錄

第一部　我的自白　028

第二部　我看人物　108

推薦序——

跑龍套

羅大佑

這次周龍章總算，真的粉墨登場了。

不同於以往他在京劇中客串或主演的任何角色：這次他從頭說起，一齣戲就如此展開，活像孫悟空的觔斗雲一樣一打就是十萬八千里，只不過這個觔斗他打了有夠久，不聽他自己仔細道來，有些個細節真還不知道是如此發生的。

小時候真的還看過邵氏電影公司出品的那部《西遊記》，對於影片裡那個身手伶俐、笑嘻嘻的齊天大聖倒也頗為印象深刻，一副「這電影不付我片酬我都演定了！」的樣子，那勝利表情。只是沒想到一九八五年在紐約碰到這個自稱「我就是人盡可夫嘛！」的Alan Chow時，聽他說來，原來他為了演那部電影，甚至在偷渡出境後還再度飛回那時戒嚴重重的台灣，付出了二度偷渡出境的代價——其為藝術犧牲的精神一至於此！

沒錯，逃家的流浪者才能了解逃家流亡者的心情。而周龍章就在紐約找到了自己的家。感謝老天爺，一切都是天意。幾經波折的Alan Chow從台北香港多倫多到紐約，如果不是命運這樣安排的話，那麼華人世界在北美藝術界的進展史可能就要改寫了。

在這個大蘋果，Alan和唐女士因為《白蛇傳》而結了緣；以同志的身分卻莫名其妙的結了兩次婚，為配偶拿到了綠卡，而且認養了兒子周小龍、毛毛、龍龍；成立了美華藝術協會，幾十年來在紐約上上下下辦了數千場大大小小的演出；創立了「亞洲最傑出藝人獎」；主辦紐約中國電影節；協辦每年的唐人街中國年、在Park Avenue開了一家叫「盤絲洞」的同志酒吧、協辦同志光榮遊行等……咦！那個同志光榮遊行隊伍最前面領頭的耍金箍棒的孫悟空不就是周龍章嗎？怎麼又不安分的跑出來出風頭跑龍套了？

是的，Alan是出風頭的。而且，在誰也不服誰的紐約華人社區裡，有人就是看他不順眼：這個人又是娘又是口無遮攔，死皮賴臉的還老喜歡假公濟私的上台表演，還敢演《白蛇傳》、《霸王別姬》之類的？他那貨色充其量不也就是跑跑龍套的角色嗎？沒錯。周龍章就是跑龍套的。

二〇一一年畫家司徒強因心臟病倒下來的那個月，正是二〇〇一年發生在紐約下城那個改變了整個紐約以及全世界的那件事的十週年紀念；而之前兩個禮拜Virginia發生了美東一百年來最大的地震，大家都清楚的感覺到了。司徒在莫名其妙的離了婚以後，精神一直非常不振。他原來一直是一個嘻嘻哈哈的幽默型人物，聊天的時候他問我：「我們以前在你們台灣唸師範大學時說什麼『蔣總統吹喇叭』的幹什麼的……」我說：「老兄，那叫做『反攻大陸的號角一響！』」他就摸摸眼鏡鼻子，笑嘻嘻，心照不宣。

司徒畫一張畫要畫最少半年，每天畫十幾個鐘頭。最喜歡聊天，直性子、軟心腸、手無縛雞之力。司徒死得很孤單，可能很驚嚇，因為八月底的地震吧？先是做了心臟支架，回到家後結果還是一個人孤獨的走了。這樣的司徒強的孤獨的死，第一個趕到現場去處理大體與幫他辦理後事的，就是我們跑龍套的Alan Chow和我們的教母陳張莉及眾家兄弟。

再早，一九九〇年在林肯中心上演崑曲《遊園驚夢》，由美華藝術協會主辦，大批人馬從中國大陸飛過來演出，於此機會安排了兩岸三地的張君秋、顧正秋、紅虹來領獎。由於政治的衝撞，在當時共產黨方面完全無法接受三人同時上台正面接觸領獎，並指控周先生的蓄意挑撥。這一下可闖禍了，在被質疑得百口莫辯之餘，情緒激動得在後台當場就下跪在眾人之前發毒誓，以明心智、以表清白，卻馬上因為激動過度而宿疾發作，當場下身血流如注——到了今天Alan還有一隻耳朵幾乎全聾，就是當天過度神經緊繃血壓高漲的後遺症；這就是不夠專業來處理政治演出事業的下場，我們跑龍套的周龍章也自認倒楣的硬是吞下了這口氣。

在紐約做過了數千場大大小小的演出，我們Alan先生可沒有十數人的組織單位或兩岸類似文化新聞局、處之類的編制：他老人家永遠是單槍匹馬加上一個公司助理——就這樣了，不好意思。很合乎紐約客的獨立思考積極行動的邏輯原則：既然大家都是出來江湖上混的，你不幫自己，誰來幫你。

而可能就是如此吧，那一年，偶爾被Alan私下背後唸上一兩句「Social Butterfly」，來自台灣、他的得力助理Nancy，因為陷入了婚外情而被發現自殺身亡在住所內，電話那頭傳來周龍章的傾訴，是幾近嚎啕大哭的。

紐約是全世界最大的舞台，每一個人都竭盡所能在演戲。八〇年底，尤其在下城區，歷經了一場愛滋的浩劫驚魂甫定；過了二〇〇〇年，兩架飛行器又捲起了千年恩怨的塵埃。當初與Alan和幾個朋友走在兩棟巨大的世貿中心之下，一起逛下城、遊紐約市的畫面依稀記得：淑麗現在遠居巴黎、Norman到了香港還是從事電影工作、韓湘寧去了雲南大理在此廂收租彼廂而居，依然畫畫，倒是張北海還堅守著下城的執著仍然寫作，仍然招待朋友。

這些人裡面，周龍章是最矮小的，一眼望去，除了身材以外，你簡直看不出他有那一點是可以去演齊天大聖的——在紐約巨大的世貿中心陰影覆蓋之下，你會覺得他連跑龍套的資格都沒有。但是世貿中心現在已經不復存在了，我們的Alan Chow，卻還在跑他的龍套，服務時間竟然長過兩棟巨樓。

他出生而且來自台灣，被家瞧不起，憤而離家出走，幾經波折，來到了紐約，修煉了一顆心，照顧了一些遊子、流浪漢、藝術家。有成名的未成名的，他絞盡腦汁汗水讓人娛人而且自娛，一邊也拓展了舞台，兩岸左右兼顧，讓大家可以輪流上台。

孫悟空一個觔斗就可以打到十萬八千里外。周龍章和他的美華藝術協會也差不多十萬八千里了，只不過，他這個觔斗打了四十年之久；跑龍套能跑成這樣子，我們也不能說不服氣；偶爾消遣消遣他，偶爾被他消遣消遣，不也都應該嗎？人生，不也就是來來去去，不也就是一齣戲嗎！

推薦序——

我說亞倫

陳丹青

我與龍章相交，居然三十二年了。此刻寫他，記憶委實太多——我怎會認識這個活寶？我們怎做了這麼久的朋友？

「丹青丹青！儂是我頂好頂好的朋友！」龍章常對我叫道。我心想，這傢伙過手的朋友太多了，對別人也這麼說吧——其實人在自己的行當和圈子外，總有個把遠離眾人而無話不談的私交，這類私交，又常是性格脾氣並不搭，亦非時時面見的，可是年月久了，兩頭心照，真會弄得如同弟兄，在對方身上瞧見自己，我與龍章便是這樣的角色。如今彼此老了，我發現我真是龍章頂好的朋友。

他隨時會把家裡的鑰匙交給我。回紐約，他就接機，送我到家門便逕自走了，不約他，他也不打電話。我回北京居住十餘年期間，母親仍在紐約，直到老人去世，龍章天天夜裡——幾乎每天夜裡——

和我媽媽通話聊天。誰願意跟八十多歲的老人周旋呢？可不記得有多少次，龍章開了車帶我媽媽和她的老年朋友出去玩。

龍章自己呢，每有愛人，或是愛人跑了，就會跟我說，說著說著，忽然大叫：「哎喲！你煩了，不講了。」

難得一起夜飯，出去走走，龍章歡天喜地，要說一百遍「好開心！好開心！」——他有時叫我「丹青」，有時如我媽，叫我小名「阿兒」，他大驚小怪地叫著，不是親暱的意思，而是說話說急了——當他勸我當心某人某事，或是好久好久沒通話，一聽是我，他就隨口就叫出來。現在只剩龍章能和我講從前的上海話了，那種連接到一九四九年前的上海話了。

我把龍章看成是頂好的朋友嗎？不，他簡直是位師傅，是我常年的私人教授。如果沒有龍章，我不能想像是否能懂得人怎樣在美國江湖如泥鰍般生存，是他領我認識紐約這塊地面，從深處感知台灣人的委屈與韌性，領略演藝圈乃至種種功名圈的荒謬、虛空、喜感，看清了海外華人的偉大與猥瑣。

也是龍章，教我窺見了同性戀的種種日常煎熬和幽祕的人性。最近我直接稱他是哲學家——「喔喲！」他跳開一步叫道：「丹青儂嚇煞我！」——從他那裡獲知的生命道理，遠遠多於讀書。說起讀書，那是龍章不勝自卑而頑強的情結，他和我一樣不喜知識分子，他的所謂「感悟」全部來自歷練，來自天性。

可是奇怪，當龍章因種種人事而感慨種種人性，總是如上海弄堂的老阿姨，直白而簡單——「喔喲！為了這只屁獎，為了這眼眼銅鈿，伊是功夫做足！」或者：「伊也弗想想這把年紀，拿只面孔塗得雪白，兩根眉毛劃到耳朵邊，根本是隻鬼嘛！穿件低胸出來混Party。」……更奇怪的是，龍章不知道自己是個幽默家，每次我被逗得破口大笑，他依然愁眉苦臉，從未跟著樂起來，頂多嘆口氣，說下去。說對，立即改換某人的聲調、語氣、方言——是的，他不覺得好笑、可哀嗎？龍章說著說著，我又爆笑了。

可惜龍章不寫作，他隨時隨地在觀察，要是都肯寫下來，便是域外人世的百科全書。龍章閱人多矣。準確地說，海峽兩岸所有藝術門類的名角兒——演藝、戲曲、電影、音樂、美術（名單不必說了，都在他的書裡）——只要誰想來紐約混個臨時半會兒的世面，討個亦真亦假的說法，兜來轉去，不得門徑，但凡摸到龍章這一脈，便有戲分，便有斬獲（其中詳情也不必說了，看龍章的書便是）。他任美華藝術協會的頭兒三十多年，手下僅一個時或更換的祕書，卻是短袖善舞，長年經營，不知為全球華人藝術家做了多少事情。

自六、七〇年代，越八、九〇年代，到新世紀，只要你說得出兩岸海外華人演藝舞台一撥撥新老明星的名，都經龍章的邀請與接送，安排兼陪伴，得以在紐約露露臉，即便是露不了臉，日後成了大腕兒，不管說起不說起，背後都藏著龍章的身影在。可是龍章不居功、不上台、不聲張，更不掖著人情債。龍章是害羞而看破的人，機巧、率真、幹練、辛苦，鞍前馬後，迎來送往，心裡藏著不曉得多少故事，如今是該出面說說了。

龍章還有一絕，因工作關係，紐約州長、紐約市長、紐約的議員政客，三十多年來不知換了多少屆，龍章屹立不倒，那攤子事情玩到今天，實在是他與這些美國政客周旋久矣，閱人也多矣——當年朱利安尼市長怎樣地倚賴警察局長遏制犯罪，警察局長的同性相好怎樣地是個亞洲男孩，市長有了私家麻煩怎樣地匿居警察局長家裡……他說來好比隔壁鄰居事；又譬如希拉蕊和歐巴馬競選後，他說美國人實在急了，應該先選能幹的女人，收拾小布希的爛攤子，然後等等，再扶個黑人上朝，美國諸事可就圓轉得多了……。六、七年下來，世界也都看見了此事的得失。而龍章私下說起美國政壇的大事小事，也如家常，可比上海弄堂的老阿姨。

從前的上海，我指的是我小時候，多有龍章這般率性的老上海，語言潑辣而體貼，能逗趣，然而說得真。可是龍章生長台灣，只曉得父祖輩有當年明星花露水的產業。我自新朝的內陸出來，從他這裡慢慢認識了南渡之後的台灣人，也竟找回了移去海外的上海人——文革後，這類老上海漸漸消失了，而新起的一代代年輕人，但知港台，分不清港台的中國人原是怎樣一種人，在大陸之外，又過著怎樣的生活。而在龍章一面，我是他結識而熟膩的頭一個對岸來人吧！

一九八四年，他勇敢地獨自走訪大陸，住在我家石庫門房子的三層閣樓，日間需在公用廁所打水洗澡——洗澡畢，上得樓去，竟把塞滿美元的鞋子忘在廁所裡——他毫不在乎八〇年代大陸的落後與破爛，不像當年走訪京滬的港台人那樣抱怨而嘲笑，反倒滿懷好奇，走到哪裡皆驚喜，在上海、蘇州的窄路中，他會躡手躡腳跟蹤偷聽路人的方言：「喔喲！好聽得來！」回來後，他就跟我眉飛色舞地學。

初識龍章，一九八三年，有一天我們坐在他寓所的地毯上放看鄧麗君七〇年代演唱錄影帶。我頭一回看她的真影像，記得鏡頭裡嬌滴滴的鄧麗君穿一身「國軍」迷彩服，正在金門馬祖慰勞守島的駐防軍，唱著唱著，小鄧可就一步步下台走進官兵圍坐的人群裡，弄得小兵們一個個面無人色，站起又坐下——我瞧著，忽起心酸，念及其時大陸正在鬧文革，而我的親爺爺就在台灣島，當年卻有這樣的女子對著軍人唱這樣的歌——我隨口說：「龍章啊！你們台灣不容易。」龍章哽咽了：「丹青！你講得我想哭！」

另一回也是兩人坐在地毯上看錄影帶，龍章又哽咽了——好像一九八四年吧，忽一日龍章帶了費翔約見我，說是小費決定去北京發展了，那會兒費翔頂多二十出頭吧，從未去過大陸，要來跟我聊聊那裡的情況。轉眼春節，大陸電視對海外開始有播映，只見費翔顫著扭著，高聲開唱了。那時大陸多土啊！我初看春節聯歡會，初看香港的歌星出現在北京，覺得好玩極了，可是龍章一聲不響，怎麼啦，我問，只聽他帶著哭腔說：「丹青！我好難過！」我說：「為什麼？」他的回答讓我好難忘，他說：「費翔多驕傲的人啊！現在給你們共產黨跳舞看！」是啊！「你們台灣」，「你們共產黨」，這就是兩岸人聊天的常用詞。

說起共產黨國民黨，龍章又是一絕。八、九〇年代，大陸出來的主兒誰不開口就罵共產黨？可是龍章聽得並不附和，講起來只如待人的有禮數、客客氣氣，像有點害怕似的悄聲說：「你們怎麼都喜歡罵共產黨？伊拉也是人呀！也可憐。」他請人弄戲，少不了和中共領事館打交道，各種官場的刁難，各種限制的荒謬，他看在眼裡，也只能嘆口氣。如今大陸火起來，有錢了，找他辦事的大陸官家年年來，動輒便要包辦林肯中心音樂廳，龍章辦歸辦，卻是終於漸漸有所領教，遇到實在不像話，他偏頭不看我，從牙縫裡嘟囔道：「口氣真大，門檻真精啊！」

國民黨那邊呢？他倒如大陸人講起共產黨，不客氣了，但我此刻要學龍章替對岸著想的客氣，不來例舉了，但他的寄媽便是國民黨大佬，與宋美齡是姐妹淘，龍章說起，真是好生動，說是他寄媽在政治舞台上風光半輩子，臨到民進黨出頭了，某日陳水扁衝著老婦吼道——龍章說時，立刻學那惡狠狠的口氣，食指朝我戳過來——「你們這群老賊！」一句話，他寄媽就明白國民黨的時代過去了，於是下台離開，和姐妹淘相率出國了。

我喜歡龍章的種種老禮數，給我想見從前的上海人。龍章幼年喪母，又是同志，為舊家所不容，二十歲出走香港，可是父親老了，終歸是自己的爹，每次回台灣，臨別老父送到飛機場，進關前龍章必是當場跪倒磕個頭。我母親前年中風昏迷在醫院，龍章那等忙人，居然天天下午坐了地鐵跑到病院陪我在老母床前坐一坐。那天也是臨走之際，他說「阿兒啊！明天有會議，不能來了。」說罷，便在母親床前屈腿跪倒，磕了三個頭，翌日，母親就走了。

龍章每當這些時候，翻身就做，一點沒有做作，沒有誇張，因為從小做到大，全是真心。那天我母親葬禮上，龍章當然來了，忽然就走到母親棺木前，回身對著眾人唱了一首戚戚哀哀的崑曲——龍章自己的親媽媽呢？可憐他都不記得母親的模樣了。我初次訪他，聊著聊著，他忽地起身翻開地毯一角，取出母親年輕時的照片給我看，一位好看的民國人，燙著頭髮，微微笑。有誰會將自己母親的照片藏在地毯下？這又是龍章的好玩與動人。

前年旅居紐約的香港畫家司徒強走了，葬禮是龍章一手操辦的——他在紐約地面關係多，海峽兩岸找他用他的人，終年不斷，紐約一地，則走運背運的港台文人藝術家，也多少用用周龍章，其中勢利之徒自是不少，龍章的恭敬閃避和柔軟的推諉，功夫一流。可是遇到老朋友，尤其是景況不佳的朋友突發急難，他便出面擔當，再難再煩的事務，件件弄妥了，不聲不響退一邊——龍章是見過世面的。當初混紐約，最是驚心動魄的經歷，是當場目擊小弟兄死在黑社會的槍口下。龍章說起，跳起身學給我看，怎樣有人擊門，怎樣他去開門，怎樣被來人當胸一推，踉蹌跌倒，怎樣眼看殺手逕奔辦公桌朝著仇家的腦袋開槍。……元香、元紅，當年在香港和龍章同班學藝，之後兩位女孩和龍章來紐約闖。那代港台藝人甜酸苦辣，大陸同行不能理解，也難領會江湖身世的豁達而強韌。龍章邊謀生邊讀書，之後競選美華藝術協會會長一職，勝在他的善解人意，能屈能伸。八、九〇年代以來，此一文藝道場眼看被龍章愈做愈火，幾次美國經濟蕭條，能砍的項目都砍了，他這邊卻是屹立不倒，個中艱辛外人豈能想見，而龍章的能量委實驚人，一場接一場活動辦下來，有時四季之內竟有兩百多場。這本書中他隨口談及的演藝圈各路英雄英雌，已足令讀者驚異——你可說是演藝圈內的深度八卦，也可說是精彩紛呈的藝壇傳奇——

真要細數他所親歷親見的人與事，那是本書的十倍篇幅還不止。

龍章心裡的真苦惱是同性戀。幼年他自覺性向異樣，又迷戀唱戲，如他這般好家世，小小年紀，他二十歲就出走了。我是從龍章才曉得，非但大陸，當年便是台灣偷渡香港，也是冒險，「小木船進了九龍，伊拉講可以爬出來看看了。」他一臉驚恐和僥倖，好像還在那一刻。「丹青！我一看香港萬家燈火，眼淚流下來！」——承蒙龍章相信我，也幸得我沒走開，是他向我漸漸告白同性戀的種種自抑和糾結，從他那裡，我上了人性與人權的一課。

說來好笑，因大陸的封閉，我到紐約時二十九歲了，居然不知世人有同性戀。頭一回紐約的守歲夜，我在時報廣場親見好幾對男孩擁抱接吻，大開眼界，當時吃一驚，心裡並不怪，卻似有說不出的天啟：原來人性有如此一齣——不久識得龍章，是在由他經手的展覽上。他是多禮的人，然而見面即熟，開口上海話，已如兄弟。我少年時下鄉務農，男孩勾肩搭背同床昏睡，不算件事。如此，我們往來處相總有兩三年，我全然不查，也全然不想到——龍章竟有本事使我不想到而不覺察——有一回我說：「你這件皮大衣有點太七〇年代了。」龍章一愣，走到陽台，揚手扔了。他的寓所是在四十五層之高，眼看那件皮衣在風中飄搖了好一陣，這才隱沒在深淵般的樓層中——總之，我只覺得龍章好玩，不覺得如何異樣。

我向來喜歡有趣生動的人，龍章演慣戲路的娘娘腔，身懷教養的十三點，入情入理的家常話，一驚一乍的遊戲感，都讓我開心，他不如我高，總會踮著腳朝我走來，他比我壯健，我親見他攤開三把太師椅，兩腳一擱，雙手一把，天天五十下仰臥起坐，見到英俊男孩，龍章喔喲一聲嘆，而我也喜歡看到標致的人……終於，大約是唐人街圈子小而人多嘴，我得知了龍章是同性戀——他也似乎知道我知道——我全然不介意，反倒因我有了這樣一位朋友，喜歡之外，多了更深的理解和同情。

但這於龍章可是困難的時刻，他生怕朋友走掉，或是另眼相看。忽然我明白了：異性戀、同性戀，都一樣的，即壓抑之苦。回想起來，這是二十多年前的事了，我記得龍章在電話裡說——有些話只能由電話說的——「丹青，不管你介意不介意，我夠了，我要站出去。」我不記得我怎樣回應他，但慶幸自己目擊了他的勇敢，是要到了今天，我才真正明白那是怎樣一種勇敢。不久，龍章接受了《世界日報》的長篇採訪，坦然告白。

也許是在翌年，一九九〇年，他飛去香港，出席了第一次華人同性戀會議，會中，白先勇代表台灣同志，張國榮代表香港同志，龍章代表海外同志，各自說話了。這是令我感動的記憶，我不斷對他說：「龍章，你去！你去！」換在平時他會發嗲，可我記得他那次表情平然，什麼都沒說，臉上是做了真的決定後那種晴朗而自重。

龍章終於成了揚眉吐氣之人，還做了功德之事：據說單是紐約一地，當時有四、五萬亞洲同性戀無處可玩，洋人同志吧的瘋狂畢竟隔一層，於是龍章同一位合夥人開設了紐約第一家亞洲同性戀酒吧，位於曼哈頓麥迪遜大道第五十八街，名曰「盤絲洞」——那樓上樓下樓梯間的壁畫，很榮幸，正是我畫的，米開蘭基羅與古希臘的圖畫中有的是美麗的同性戀男子，他們一定樂意看見一個中國人將之移到紐約牆面上——開張後，生意大好，夜夜爆滿，兩三柱籠子裡扭著青春大好的 go go boys，歡聲雷動，從此我領教了亞洲男孩的胸肌、腹肌、腰支，原來可以在細膩油光的亞洲皮膚下，閃電般彈跳！

最開心的一幕，是一九九六年夏，我跟著龍章參加紐約同性戀大遊行，如今想起來，如在昨天。第五大道上千萬名紐約人夾道驚叫了，亞洲人的遊行花車緩緩前行。龍章，頭戴綸巾，上身赤膊，肥大的戲褲迎風飄閃，領頭走在花車前方十米處，沿著第五大道路中央，一路掄著花槍棒，連番飛舞，那年他四十多歲，喜氣洋洋雄赳赳，瞧著像個少年——無論是林肯中心隆重頒獎，還是種種文藝演出，數十年來，龍章從來隱身閃避，從不露面，現在我頭一次瞧見龍章意氣滿滿，做領頭羊。

那是亞洲同性戀可紀念的日子，也是火了二、三十年的紐約同性戀大遊行可紀念的日子。六月豔陽下，曼哈頓街頭第一次出現了亞洲同志的五彩陣營，不消說，組織者正是周龍章。當日一大早我趕到「盤絲洞」酒吧，龍章帶了他私藏的鳳冠霞帔和彩衣錦袍，正在給即將扮演西施、貂蟬、王昭君、楊貴妃的四名男子化妝，另有七八名少年幾乎全裸，胯間圍著哪吒的蓮葉褲，一個個往身上抹油。

八點鐘的樣子，這群奇怪而妖豔的中國人蜂擁而出——有來自台灣的、香港的、日本的、韓國的——直奔五大道五十五街街口。事先由我設計的遊行花車已經停在那裡，和數十輛其他族裔、其他行當遊行花車的各種同志們——教師工會、警察工會、律師工會、政府職員工會——排排等著。終於，一聲令下，亞洲花車隆重轉彎，由北向南進入第五大道。我還沒看清，龍章已縱身跳下花車，施施然大步前行了。

剎那間，路邊群眾一見到花車首端裸體亞當的肉身狂舞，一見到花車頂端高高站著四位中國美人顫巍巍的周身戲服，千嬌百媚，登時狂呼亂叫！花車前後其他族裔的花車，立即失色了。震耳欲聾的搖滾樂響徹街頭，車隊行到四十二街、三十四街，東西向圍堵停駛的車輛窗口全都伸出人頭，投來驚羨的目光，到了二十三街紐約市政府觀禮台，亞洲花車停了片刻，車中男孩紛然跳下，當眾舞動，滿街的驚呼淹沒了音樂，孩子們隨即跳回車首，環形排開，金蛇狂舞般繼續前行了。隊伍走向五大道南端盡頭的凱旋門，向西折往格林威治村時，整個街面有如暴動，一名赤膊大漢，白得發青，腳踩滑輪的美國同志瞧見亞洲花車，猛一怔，忽然瘋了似的扭動抽搐，跳起精彩的獨舞，緊緊跟隨花車，直到格林威治村洶湧人潮將之淹沒。這是一場由太多辛酸與委屈累積爆發的狂歡，我記得下午三點左右，望不到首尾的遊行隊伍漸次安靜，所有音樂關閉了，數十萬人，包括沿街的群眾，個個靜默兩分鐘，紀念六〇年代石牆事件的受辱者與受傷者，之後，狂歡聲浪再度爆響，狂歡之龍繼續前行。

這就是龍章做的事情，這就是我認識的龍章。我不會說龍章是所謂「性情中人」，他知所收蓄，故而率性，一路歷練，冷眼熱腸，是個能隱忍、能豪放的角色。日常的龍章丟三落四，大呼小叫，但凡臨到難事盛事，他是半真半假的慌張一番，忽而默默狠狠地做成功，卻是臉上好像沒有事——我要是這麼對他說，他必定驚叫：「啊呀丹青！儂瞎講！」

難得龍章知人而能知己，事人而竟得人。他的命，是半生閱盡名利場上的各路妙人，文藝風月的諸般才人——這本書中每個名字如雷貫耳，常年在華人世界傳播著新聞、軼事、趣談、八卦，但我確信諸位不論偏愛其中哪一位，讀過龍章的敘述，才可能真的接近，且看見那個人。而這群星光閃爍的人，可能從未被另一隻眼這般切近而體貼地觀察過，再由龍章的上海台灣國語一個個提起，一句句道來，其魅力，實在不在諸位明星，而是龍章的生涯，龍章的天性。

我沒有一次性讀過這麼多頂級明星的紙上肖像。市面上類似的演藝大腕花名簿兼八卦圖，實在太多了，我確信，沒有一位作者的故事與見識，交遊與資格，比得過周龍章，比得過這本書。今我是龍章最好的朋友，此番只寫龍章，只說龍章。紐約江湖的熟朋友平時也叫他「亞倫」——喂，亞倫！我寫的這個傢伙，像不像你周龍章！

二〇一四年三月寫在北京

作者序——

WELCOME TO ALAN CHOW

首先我要謝謝你拿起這本小書，也請原諒我不知天高地厚、膽大妄為！

曾經一度每個在我身邊、在我周圍的朋友親戚漸漸老去，我還以為自己真的是永遠長不大的小飛俠Peter pan或真是永遠的孫悟空！誰想到只一會兒的功夫，連我也坐在電腦前面寫我的回憶錄了，人是真的會老的，我「老」了，人的年歲愈長愈容易悟到，變換莫測的人生或起或落，曾經得意、曾經失意，再偉大的人都一樣。名呀！利呀！情呀！成就呀！這世界上每一個人所追逐的東西，哪一樣真是我們自己可以控制的呢？萬般皆是命，半點不由人！在藝術圈、名利圈裡，我永遠是一個旁觀者，是一個邊緣人，是一個跑龍套，看盡了人情冷暖、起起落落，點滴在心頭。別忘了，而我們都只是短暫的停留，每一個人都是過客，但不論如何，大家都努力過。神仙、老虎、狗，我們都付出過。是非成敗轉頭空。

這本書只有一個好：「真」，可說是一個真「同志」的告白，我把我知道的，感受過的真真實實、不虛不假的告訴你，我的一生呀，無可否認是一個不按牌理出牌，充滿戲劇性和玩笑性的人生，當然這也是我所追求的、所希望的，有人喜歡有人不喜歡，管他的，只要我自己助人不害人，玩得開心不虛此生就好。我愛藝術，我愛我的工作，一愛愛了幾十年，而且還想再繼續愛下去，這一點連我自己也覺得不可思議，從懂事以來我就立志要做一個正派的「同志」，我做到了，在家裡在學校我就是一個異數，一個怪小孩，對於我不同於普通人，我也樂在其中，求仁得仁，這本書里每一位我的名人朋友或多或少跟你想像中的有出入，但請你相信我，那是一個真實的「他（她）」，是好是壞沒有經過任何的包裝，無可否認的在特定的圈子、特定的年代裡，他們都是超凡入聖、第一流的人物，有幸我都和他們都有或深或淺的交往，每一個他們都是我的偶像。感謝因為有他們世界變得更有話題性，變得更多彩多姿更美好。

這本書兩年來斷斷續續，刪刪改改算是完成了，我不學無術，胡說八道又辭不達意，您就當手上拿了本三流的小說玩著看，我盡興的寫，願意寫的又記得的，我知無不言、言無不盡，書上都是些好玩的人和好玩的事，不好玩的，我不願意寫的，又不願意記得了的，您就別太認真，高高手遊戲遊戲我就過去了，當然其中我得感謝一些人：

楊人凱大哥，沒有楊大哥就沒有這本書，當初他說我可以出書還真嚇了我一跳，憑我？出自傳？沒有沒搞錯呀，會有人看嗎？

陳尚平，一個層次很高的電腦專家，中英文都好，品格優秀又有修養，這回真有緣，每一篇我寫完的，都讓他先過目。

彭薇，喔！小彭！小彭一個可愛優秀的女畫家，和她有緣我們老相互鼓勵對方，我就用心努力為我們自己的最愛堅持打拼。小彭加油！

周興立，興立公認的北美台灣校園民歌歌王，三十多年來我們一直你幫我，我幫你沒有分開過。

吳謙！一個哥倫比亞大學的研究生，才二十二歲，真是忘年之交，他是日東升我是日西落，這樣也能交上朋友，無話不談，怪事，謝謝他對我兩年來各方面的提示，是他提醒我不要過了火位。

也要向我們紐約的曾慧燕及「好友會」的會員們致敬致謝，及Micheal Lin、Andrew Chang、王玉清、劉慶春、王志強、周靜然，世界有你們相伴真好。

最後我要謝謝我此生的最愛陳丹青，丹青！謝謝你。

第一部

我的自白

MY CONFESSION

第一話 CHAPTER 1

家庭及少年期

FAMILY & BOYHOOD

感謝老天爺，他給了我一個多彩多姿如此戲劇化的玩笑人生。我惜恩惜福！

各位讀者大家好！我是本書的主人翁周龍章，英文名叫Alan Chow。我不是一個名人，不是一個聖人，更不是一個偉大的藝術家，所幸在這一生中，因有「天意」，所以做了一些事。我只是一個沒什麼了不起的平凡人。我和每個人一樣有血有淚，我在台灣台北長大，但母親往生得早，確實的出生年月日，老實說，連我自己也不知道。因我的身分證件上登載的日期都不同，問我姐姐，她說她也不知道。但是我知道我屬龍，因為我的小名叫阿龍。

我的祖父和明星花露水

以一般人來看，我可以說是嘴裡含著金湯匙出身的。我的祖父周邦俊醫師，是個殷實的富商，也是當年上海灘上數得出的名人之一，光是老婆他就有四個，子女十個，但解放後只有我爸、姑媽及小姑三個先後到達台灣，多少沾到祖父的餘蔭，其他的子女都留在大陸沒來得及逃出來，大陸改革開放後，有一年我去上海公幹，曾去訪問四叔叔，順便也送他點必需品，到了四叔家，只見家徒四壁，可說是要什麼沒什麼，當然這時解放初期，大家日子都不好過，人們常說富不過三代，但我們周家卻富不過二代，祖父他自己也只帶著三姨太逃到台灣。

在上海他一手創辦了明星化工有限公司、中西電台、中西大藥房和上海民誼藥廠，最多的時候僱有兩千多名員工，而且還是股票上市公司，至今仍熱銷的「明星花露水」就是他一手創立的。但是，祖父因為當時跟日本人有生意上的瓜葛，被國民黨在上海以漢奸的名義關了兩年。共產黨佔據上海之後，眼看災難又將來臨，他的財產即將會充公，他一看勢頭不對，趕緊收拾細軟，舉家逃往香港輾轉舟山再來到台灣，並在台灣開始設立公司和廠房，繼續生產明星香皂、明星爽身粉及明星花露香水等等，「明星花露水」當年可是全中國包括台灣，千家萬戶人手一份、一等一的香水品牌。

祖父很有生意宣傳頭腦，有一次台北有一個名女人，也是個演員叫北平李麗，她要演一個文明戲，就是現在所謂的話劇叫《香妃》，祖父腦筋一動，派人去給製作團隊致意說，你們演《香妃》我每天免費幫你們做宣傳，在劇場中灑滿了明星香水，觀眾一進場就能感受到陣陣香氣和香妃的魅力。製作單位一聽，是雙贏的好主意，欣然答應，而我祖父也就受益了。兩個多月《香妃》全省各地的演出時間，一進劇場，每個觀眾就會問是什麼香水那麼好聞？於是，明星香水的名聲越傳越遠。

好人、紈袴和牧師——我的父親

我們一家是上海人，從小家裡都是講上海話，所以我的上海話說得流利自是不在話下。我的父親周文同，他是一個忠厚的好人，他博學多才學貫中西，可說是個萬寶全書，但卻是個是個茶來伸手、飯來張口的大少爺，一輩子不需要幹什麼正經大事，碰到要緊事情也不敢負責。

祖父周邦俊明星花露香水創辦人。

他曾經也是中西大藥房的店主、《聯合報》的副總經理、聯誼廣告公司的老闆。然而，他最大的成就，就是在短短十年之間讓我母親連續懷孕，生了一大堆孩子：我姐姐周鳳章、我周龍章、我大弟周樂章、二弟周美章、大妹周靈章、小妹周秀章，總共六個。後來他更為逃避這不公不義的社會，而去唸了神學院，最後成了牧師，在林森南路自己搞了間小教堂，以講道傳教信主終老一生。

其實這本來就是成者為王的世界，我父親是長子，我母親一過世後，父親失去了方向，加上一個強勢厲害的姐姐，把住了整個周家的權勢，父親生性忠厚，又鬥不過我姑媽，一下子自己就先放棄了，只要寄媽每個月給他錢就算了。父親也曾經跟我寄媽吵過鬧過，但寄媽有一句名言：「文同（我爸爸），你不要和我鬧了，你去法院告我好了，但如果告輸了，請問你要怎麼辦，每個月還來不來拿錢？」這句話一出把我父親嚇得出不了聲，每個月乖乖得去拿他的銅錢，信他的主耶穌。

對我們這一大堆子女呢？他也絕不是不愛，記得當年每次回台灣，爸爸看到我總是左看右看，多看一分鐘也好，愛得不得了，但對我們一點責任的觀念也沒有，上課、學習、工作，他全部不聞不問，每個他的子女幾乎都是天生天養，就算他最後要往生了，留下的那封遺書真是前言不搭後語，一點交代也沒有，這也是怪事，這樣的爸爸也給我們碰到了。但他又是個博學多才的好人。也真是因為媽媽太能幹而走得又早，媽媽一走爸爸完全失去了方向，而又要面對一個強勢的姐姐，幾十年壓得他透不過氣來。

與于倩拍攝明星花露水代言人廣告。

母親徐慧珠。

媽媽

一個人在世界上什麼都可以沒有，但絕不可以沒有母親。不幸的我從小就沒有了母親，我的母親叫徐慧珠。

當年在上海，她是第一個擁有自屬轎車自己開車的民國女子。她很會持家，人很能幹，長得小巧但美極了。一點淡淡的印象中，母親老是病著，好像一個病西施，因為身體不好，在我八歲時，就因胃癌過世了。我因為從小沒了母親，這幾十年一路走來，冷暖自知，每當我看到別人的母親呵護小孩、愛子女而不顧一切的畫面，總是會為自己唏噓不已，流下淚來。當年母親走的時候才三十出頭，留下一堆孩子，又明知道父親不會養、不會教，母親怎麼捨得走呀？真是苦死她了！

我母親過世之後不久，理所當然地我父親很快就帶了別的女人回家。他自己無心又無力照顧我和我的姐姐，在他心目中，寄媽雖然繼承了我祖父所有的財產，但畢竟周家沒有分過家，小孩住哪裡不都一樣嗎？於是這才理直氣壯地把我們兩個交給他的姐姐周文璣撫養。

寄媽

我的親姑媽，叫周文璣，是個道地的女強人，曾任國民黨台北市增額立委，還一手創立了「中華民國婦女工商管理協會」，自任會長。她來往的都是國民黨當時最炙手可熱的人物，如蔣宋美齡、陳香梅、錢劍秋、吳伯雄夫人、蔣彥士夫人、朱婉清等。我父親只要手頭不便，就會打電話向他老姐要「銅鈿」（上海話「錢」的意思）。

我姑媽一手把我和我姐從我爸爸手中接過來帶大，也不是因為愛我們，而是為了我們家族的恩怨情仇，我們稱她為「寄媽」。寄媽就是寄母的意思，比乾媽親一些，是要有責任照顧小孩食衣住行從小到大的。我八歲喪母，祖父把我和我姐姐送給姑媽養，改叫寄媽。明星化工股份有限公司也由她接手。

她無可無不可的養大我們，心裡是不甘心的，所以我和姐在家裡永遠是二等公民，尤其是我，因為我讀書不好，因為我「娘」，因為我只愛藝術，更給了她不需要愛我的理由，每天只要上桌吃飯，總要先聽半個鐘頭埋怨，爸爸每天問寄媽要銅鈿要得太多，而我當年希望入小大鵬戲校學京劇，寄媽大吃一驚，氣得不行，嘀咕說：「白養了，白養了，養大的阿龍，居然要去做戲子。」她心目中當時社會上最下層的三種人：婊子、戲子、叫化子，居然阿龍要做戲子。不可思議，而且丟盡了我們周家的臉，周家長孫有這種想法怎麼要得？

我們稱我的姑媽為「寄媽」一直叫了幾十年，直到她過世為止。憑良心說寄媽晚年對我也真的算是不錯的，而我的工作也多少可配合她喜歡出風頭的性格，我也陪她南征北戰全世界旅行，但她對我只是盡她的責任而已，一點點真感情都沒有，而我小時候自己也沒出息，不知道怎麼去討她的歡心。這樣的生活一年又一年真是煩透了，但自己太小又逃不出去。

照理說，我爸爸是長子，又比寄媽早到台灣，我是周家的長孫，又是周文同的長子，周家的事業，理應有另一種更妥善的安排，讓周家的子孫及在大陸受苦的叔伯都能獲利。但是，至今為止，我們在世間的三代子孫輩，都沒沾到周家的一點好處。我祖父過世後，明星花露水就由我寄媽繼承，她死後，又由她的女兒環璋繼承。雖然近些年明星花露水每次開董事會都會邀請我們以董事的名義參加，但我們從來沒有出席過。明星花露水在台北市博愛路的公司、在南京東路的大廈和在土城的廠房，我們也碰都不碰，老實說要碰也碰不著，寄媽一切早安排好了，她安排了周家財產的百分之九十五給蔡馮環璋女士及其子女，百分之五的家產給包括我和我姐姐、弟弟等六十多人及寄媽的兄弟姐妹親戚們分享。

寄媽曾結過一次婚，很快的丈夫就跑了，在大陸不見了。寄媽夫家姓馮，她有個女兒跟著姓周，叫周環璋，周環璋有個丈夫叫蔡禮新，就是明星花露水目前的董事長。蔡禮新有一個同班同學叫張碩英，張博士因為也愛戲所以跟我很熟，有來往，他告訴我當年在大學時代，蔡禮新就是因為家境不是太好，所以一心一意要結交有錢的女同學為妻，真恭喜他求仁得仁。唉，這真是天意。當年我祖父在群雄並起的上海灘上辛苦打拚一手創立的家族企業，最後落到了他女兒的女兒的丈夫，連面都沒有見過的蔡家手裡，真是無事忙中老，夢裡有哭笑！

第二話 CHAPTER 2

偷渡香港，進入影藝圈

SMUGGLING HONG KONG & BECOME AN ACTOR

愛慾啟蒙

我小學唸的是女師附小，初中唸的是強恕初中。唸初中的時候，我就知道自己是個異類，只對男孩子有興趣。

我寄媽看我平常喜歡舞槍弄棒地，雖然有點娘，她也不在意，以為喜歡藝術的人多半如此。倒是，我有個舅舅叫徐叔沅，看出我有同性戀的傾向，就很嚴肅地告誡我說，在當今社會，你要燒殺擄掠、作奸犯科都可以被人原諒，唯獨不行的，就是搞同性戀。因為同性戀是違反人倫大道的，是屁精，做為一個男人，尤其是周家的男人，是絕對不能搞同性戀、性變態的。被當頭澆了一盆冷水之後，我就有了逃離台灣的念頭。

恰好的是，我唸強恕的時候，因為考試作弊被退學，於是我離家出走的想法就更堅定。那時，我有一個姑丈叫方硯農（我爸爸三妹周文琪的先生），是國民黨培養的無線電通訊專家，當時擔任高雄電信局局長。他幫我弄了一張偷渡到香港的船票，於是，我就拜別了我的父親和寄媽。

我記得當時寄媽面無表情，拿了一點錢給我，然後用上海話說：「時乎，時乎，不再來。」如今事隔多年，我仍不知她說這話是什麼意思？但她的話語和表情，仍然銘刻在我心中，永難忘懷。

當年，我就帶著簡單的替換衣物，幾乎身無分文地離開台灣，投奔一個不可知的未來。上船時，三姑丈送我到碼頭，我看見他眼裡含著淚水。他對我說，文同（我爸）有這麼一個好兒子卻把他趕走，我那麼想愛兒子卻在匪區出不來。船行半路他還打電報到船上給船老大，問我是否平安？要船老大好好照顧我。最奇怪的是我爸爸對我要偷渡到香港的事完全不聞不問，誰知道船身太小我不習慣，一路上三天三夜，吐到香港。那時候，我懷裡揣著唯一的一個家族朋友黃柱中大哥的電話，準備隨時與他聯絡，要他來碼頭接我。這次偷渡到港，可以說是整個改變了我的命運。

怎麼說呢？第一，我在高雄上廁所的時候，碰上了一個年輕帥到不行的小伙子。不知怎麼地，我倆就看對眼了，當場就在廁所中互相打手槍熱吻。這是我第一次有同性戀的性經驗，對我來說，這次的經驗給我的不僅是肉體上的歡愉，更重要的是，它不啻證明了我在這個世界上並不孤獨，也有其他人是和我一樣的。這等於是一盞明燈，燭照了我未來對同性的需求。

小漁船在台灣海峽上漂呀漂，晚上因為心裡怕，睡不著，看到的茫茫無際的大海又是漆黑一片，人海中，我的根在何方呢？小小的甲板上，分不清的海水雨水淚水在臉上滑落，心裡苦極了，其他的船員都在忙著工作，旁邊一個小鬼，誰會同情、會要聽你的故事呢？再說在這個世界上誰家沒有苦，誰人沒有委屈？這一刻我深深體會到，世界上只有你自己爭氣，你自己要好，打落牙齒和血吞才是正路，其他的，求人幫忙的夢根本不要做。

東方之珠，香港之夢

我搭乘的小船終於抵達了香港。進港的時候，因為小船先要接受檢查才能靠碼頭，船老大就把船上的便桶掀了起來，讓我躲在暗艙下面，再把便桶恢復原位。這是個又窄又臭的地方，幸虧我當年身材瘦小，勉強仍能忍受。海關人員上船檢查那一刻，我和一同偷渡的一個女子、兩個男人及一個和我差不多年紀的年輕人，幾個人誰也不認識誰，但大家都心有一致害怕極了，聽到船老大和海關人員在對話講數，大家更是在烏黑的暗艙裡握緊了手互相安慰，大氣也不敢出一聲，好不容易香港的海關檢驗人員離去，船老大叫我們一個一個出暗艙，發給我們每人一張假的船員證防身，以防上了碼頭又遇到有人檢查拿出來擋一擋。

船靠上碼頭之後，黃柱中大哥如約在碼頭迎接我。黃大哥是我的故交，他以前也是明星化工廠的員工，常到我家走動。看到他，心頭的大石總算放下了一半。出船艙當時我抬頭一望，呀！香港一棟棟的高樓大廈，美麗的海港，美麗的東方之珠，我不禁流下了熱淚。我對我自己說：好壞我認，總算給我逃出來了。這一幕幾十年後我也沒忘記，更從來沒後悔過。

黃大哥接到我之後，馬上帶我去買日用品和床，替我換了一些港幣，當晚還帶我去吃了一碗麵，看了一場金采風主演的越劇片《碧玉簪》。這是我在香港第一部看的戲曲藝術片，我喜歡得不得了，也迷金采風老師迷得不得了。誰也沒想到，幾十年之後，我和金老師居然變成了好朋友，我請她到紐約來演出舞台《碧玉簪》及領取「亞洲最傑出藝人獎」轟動一時。排隊進場的觀眾都有三個街口長，你說，這是不是造化弄人？

初到香港的時候，我可是一句廣東話都不會講，可是慢慢地耳濡目染，也就自然學會了。我最需要解決的是就學的問題，幸好有個珠海學校，是國民黨創辦的，位於窩打佬道。黃柱中大哥帶我去申請入學，也不需要經過考試，我就成了珠海學校的學生。那一年，一九六四年，我在香港開始了新的人生。

南國風景

我順利地升上了珠海大學，唸的是藝術教育系。唸了一年之後，我在報紙上看到邵氏公司的南國劇校在公開招考基本演員。我從小就喜歡演戲、唱歌、跳舞，有一顆屬於舞台的心，我想機會來了，所以就去報名。那時報考的有兩千多人，考上的只有六十多人，我以狀元的成績考上的。

我是怎麼能考上狀元的呢？我在台灣時就喜歡舞槍弄棒，曾跟一位劉克倫老師學舞蹈，那舞蹈之中也有劍舞、棍舞等，所以我的棍子非常好。以前在台灣的時候，我就經常表演《小放牛》、《盜仙草》、《千里送京娘》等，那時演村姑的是劉京倫，也就是劉克倫的妹妹。考南國劇校的時候，我就以一對劍、一根棍子的表演，加上扮演一位神偷，考得了南國第四期的第一名。南國那時的校長叫顧文宗，學員都叫他顧伯伯，他可以說是我生平中遇見的第一位貴人。做為一個電影演員，我的條件不好，只有

邵氏時代的周龍章。

一百六十七公分高，但顧伯伯非常看重我，他長得比我更矮，只有一百六十四公分左右，他自己也是七〇年代的名演員。南國劇校的老師，除了顧文宗之外，還有嚴俊大導演、高寶樹大導演、高立大導演及何夢華等，教舞蹈的是江青和鄭佩佩，不知什麼緣分，顧伯伯非常喜歡我的才藝，覺得我特會演戲。學校的學生多，但能跟在校長身邊出出進進的只有岳華、鄭佩佩、陳鴻烈、潘迎紫和周龍章幾個，每天下了課跟著顧伯伯總是有吃有玩。

那段年輕歲月倒也很開心，後期更透過他的親戚在廟街特地給我安排了一個床位，對！是一個床位，不是一間房間，房間是顧伯伯親戚租的，每間房四個床位，已經有一個苦學生和兩個怪里怪氣的男子，多過了幾天，發覺他們人是滿好的，讓我不用擔心落腳的問題。那時廟街是香港最下三濫的社區，我平常要去工廠打工，還要照顧珠海及南國的學業，生活可說是過得苦不堪言。我最開心就是南國劇校常有戲排，常有大大小小的演出。

七、八〇年代，邵氏是香港最大的電影公司，所有的演員基本上都來自南國，因為自己訓練的演員比較便宜。我們第四期畢業的時候，一共有六個人跟邵氏簽約，除了我之外，還有岳華、潘迎紫、陳鴻烈、趙心妍、吳景麗。那時我的合約是一個月兩百港幣，演一部電影有五百塊港幣的獎金，一簽就必須簽六年至八年。南國的畢業學員每一個都想當邵氏演員、邵氏明星，但邵氏給的薪水並不高。六〇年代末期，香港人居生活費應該是三、四百元一個月，謂之小康，五百塊拍一部主角戲，拍一兩年是說不過去的，但邵氏就是邵氏，企業式作業，演員只是企業中的一環。他的基本立場是「名，我們能夠給你。

但是錢呢？你得自己賺。」就算是當時最紅的如凌波、鄭佩佩、何莉莉、李菁，光靠拍戲也是賺不了幾個錢的。但是，邵氏卻是許多人冒出頭的地方。

一個女明星有了名要自己掙錢，錢就容易來了。出去為新開店剪個綵呀、出個晚會當特別嘉賓、老闆請客做陪客，這些多叫「祕撈」。更好一點的，自己接幾部外拍的戲祕撈，各有巧妙，有錢賺到來，是非神仙過。

孫悟空再偷渡回台灣

那時邵氏準備拍《西遊記》的故事，選了大帥哥岳華（本名梁樂華）當男主角演孫悟空。但是，岳華個子太高了，又長得太俊了，有些人看了毛片之後覺得他又高又帥不太像孫悟空，便建議找個個子較小的演員。顧伯伯一聽就說，我們剛畢業的四期裡不是有個周龍章嗎？於是他就把我介紹給導演何夢華。當年邵氏公司出品電影的主角，要拍《西遊記》的「齊天大聖」可不是玩假的，於是左試鏡右試鏡，弄得我神神經經的。因為想瘦，每天只敢吃一餐，不敢多吃，怕增磅。每天早上練功，總到香港植物園的小動物園去觀察猴子的生活起居，有樣學樣，幾個月下來真是如同猴子一隻了。

我雖然有武術的底子，但是，論武功，比我好的人不知有多少。我既然跟邵氏簽了六年的合約，當然是想要有戲拍。在此之前，我演過的都是些書僮、小弟之類的次配角，但因為我在林黛主演的《寶蓮燈》中演「沉香」的替身，打得不錯，所以才得到了顧伯伯的大力推舉，有了這次試鏡的機會。看過金像獎電影《黑天鵝》嗎？那是講舞台表演的一部電影，女主角一直在等天鵝湖的演員名單揭曉。結果發表演白天鵝的就是她，她興奮得不得了，就躲在廁所裡哭，哭完了馬上打電話給她媽媽。

我看這部電影時很有感觸，因我當年就是這樣。看《西遊記》就是看齊天大聖孫悟空，所以我拚命想要得到演這個角色的機會。我不是正宗學武出身，這麼多人比我好、比我帥，我除了年輕什麼條件都沒有，但是就是我拿到了這個角色，這不是天大的一個笑話嗎？於是，當我接到通知的那一刻，我就高興得躲到廁所裡哭，哭完了我就拿起電話打給一位友人顧健華（即黃柱中的妻子，我稱之為大嫂），一邊說一邊哭，晚上南國劇校放了課，我就去找黃大嫂，她親手燒了兩個菜替我慶祝。當晚我有講不完的夢想，我說大嫂我要當影帝，我要當狄龍，我要學鄭佩佩那麼努力。

我花了兩年的時間拍《盤絲洞》和《女兒國》，拿了五百港幣一齣的報酬。那時候，有個插曲。因為香港的場所有限，沒有大山大水的外景地，當年大陸沒開放也不能去大陸取景，神話大片如《西遊記》是必須要到台灣或日本出外景。那問題來了，我是偷渡到香港來的，還沒有香港的身分證，那怎麼出境呢？幸好，香港政府那時有個規定，凡是偷渡來港而志願出境的，香港政府不會刁難。

所以，我就志願出境搭機隨著外景隊回到了台灣，當年我偷渡香港我是沒有入境證的，但憑著家裡的關係，我有台灣的出入境證，所以我再次入境沒有問題，兩個月後在台灣拍完所有的外景，我又到高

《盤絲洞》中的孫悟空周龍章和蜘蛛精于倩。

（左）凌波《陳三五娘》，（右）周龍章《盤絲洞》的合影劇照。

雄搭船，拿著台灣的出境證但沒有香港政府的入境證，再一次的偷渡回香港，安排偷渡的還是我的三姑丈方硯農，但這次的偷渡費卻是邵氏公司出的。三姑丈看到我又一次偷渡，真是哭笑不得。

告別邵氏

奇怪吧！人生的經歷，平常人偷渡一次已經不得了了，我居然偷渡了兩次！邵氏公司那時已等不及我回來，就又找了岳華代我演《女兒國》的孫悟空。結果是，《女兒國》中的孫悟空，有三分之二是我演的，三分之一是岳華演的。而我們的個頭、身材和演技是完全不一樣的，觀眾應該看得出來，沒有看不出來的可能。也只有當年邵氏公司店大欺客，敢做這樣的事。

拍完《女兒國》之後，岳華接著就拍胡金詮的《大醉俠》，從此扶搖直上，成了個大明星，可是我就沒戲可拍了。那時候我看情形不對了，我不能老是扮演人家的弟弟或是書僮，那不是我的 cup of tea，而我長得又不夠高，不夠帥，沒有所謂的 star quality，一點條件也沒有，在香港這種影視環境一輩子可能都演不了主角，剛好我珠海大學也畢業了，所以我就決定離開居住七年的香港。捨是真捨不得的，我這麼會打會演，可惜香港電影圈不要，我也不甘心在圈裡跑一輩子的龍套。

在香港兩年的受訓加兩年的演藝生涯真也交不到什麼朋友，這個圈子又那麼那麼的勢利，看看周龍章一臉跑龍套的樣子，大演員能跟你打個招呼就算是很給臉了。這也沒有辦法，我自己也是看到林黛、樂蒂，走過來了就想和他合照一番，看見成堆的龍虎武師在等打光，誰理誰呀！

第三話 CHAPTER 3

美國和我的 Gay 生活

AMERICA & MY GAY LIFE

紐約紐約我愛你

因為從沒有好好地學過英文，我的英文實在不怎麼樣，所以，我申請紐約的大學及加州的大學都被打了回票。幸好，加拿大的多倫多大學居然收了我，讓我去唸酒店管理系。當年是香港最亂的時代，英國政府撈飽了就要走人，政府民間大家搶錢，中國還未開放，中國難民每天數千計偷渡到香港，抓不勝抓，早上抓了晚上又偷渡回港，黑市身分證買賣有中介人不是一件難事，台灣也每天有人偷渡到港，一下船就有人來跟你聯絡辦身分證的事，只要有錢什麼都能買到。於是，我在香港花了三千五百港幣買了一個死去小孩的護照，換了我的照片和名字。

就這樣，我到了加拿大唸 dining room service 唸了半年。其間的生活又是人地生疏地苦不堪言，掛了一個邵氏演員、邵氏明星的名頭，卻得一家一家的找工打，最後找到一家花店，一邊上學一邊打工。花店的老闆付我七毛錢加幣一小時，一天八小時。睡可以睡在店裡地下室，晚上幫他看店。

冥冥之中，我有一個認知，就是我應該到紐約去。所以，多倫多大學我也沒唸完，便以旅行的名義，到了紐約。這可以說是又一次的逃亡，之前，我從台灣逃到香港，又從香港逃到加拿大，如今，我又從加拿大逃到紐約。幾乎我的前半輩子都在逃亡。

紐約！紐約！我愛你。這是我人生的不歸路。從此，我準備在紐約安身立命度過我的一生。為什麼選紐約呢？坦白說，我也不知道。但很重要的一個原因是我二弟周美章正在紐約地區留學，有了他可以投靠，紐約一下子突然變得不是那麼陌生了。

初到紐約的時候，我全身只有八十美金，幸好有朋友方大明介紹我在布魯克林一家中國餐館中洗碗打工，一天要做十個小時，每小時六毛錢。但只做了三個月，我覺得不適應就辭工了。那時候，我有個大美女表姐方能芬（方硯農的女兒）和她帥丈夫在市政府附近開了一家小禮品店，她就叫我去打工，睡就睡在店裡。但店的生意不是太好，而表姐夫又打算搬到西部去，這才由我二弟周美章幫我在曼哈頓十四街二馬路中開了一家小小的禮品店，叫「垃圾罐禮品」（garbage can gifts），裡面的貨一半是寄媽從台灣運過來的，一半是在紐約批發進來的。就這樣，我成了一個小商人，生活也慢慢穩定下來。

問題是，當年紐約的治安一向不太好，三天兩頭都會有人拿槍來小店搶劫我。我的生意也只是交房租吃口飯，談不上有什麼生活品質。唯一的樂趣是慢慢有人知道我是同志，會跑來店裡找我，我們就關起門來做愛，經常一戰就是三百個回合，生意也顧不得做了。有的顧客對短小精幹的我相當滿意，走的時候還會丟個三、五十美金給我，而我也照收不誤。收了錢之後，我的習慣是找個地方大吃一頓，然後找個同志酒吧混一個晚上，最後再回到我的店裡在沙發上倒頭大睡。苦雖然苦，但我有我的樂趣，反正年輕，天不怕地不怕。

美國的新移民都會碰到四個問題，一是語言，二是工作，三是身分，四是住宿。住，我住在小店裡。語言！為了精進我的英文，我在紐約的大學選修了一些語言課程。工作嘛，我自己當上了小老闆。接下來就是身分的問題。那時，七〇年代美國有投資移民，條件非常寬鬆，只要三萬美金就可以拿到綠卡。於是，我就東挪西借地湊了三萬美元，以我禮品店的名義順利地拿到綠卡。

也是因為年輕，所以這種粗茶淡飯的日子，我過得是甘之如飴。那時，我肚子餓了就隨便在路邊吃個熱狗三明治，再加一杯可樂，所以吃得我面黃肌瘦。不過到底才二十出頭又因為平常練功的關係，混身都是肌肉，身手也相當矯捷。紐約有什麼華人的活動，我毫不忌諱，會赤著胳膊，敲鑼打鼓地去參加，站在花車上遊街。

一九七四年是我大大露臉的時機。那年的春節，我記得是中國虎年，市政府辦了一個化妝大遊行，是由我以孫悟空的扮相擔任領隊，後面跟著有仙女和十八羅漢等。孫悟空是我的老本行了，我一手耍著金箍棒，渾身做作齊天大聖的打扮，一路又走又跳地，繞行了整個市政府和華埠。

那時別說老外了，就算久居華埠的老華僑何曾看過這種場景？一些當地的電視台和報紙都搶著報導這個消息。於是，周龍章就是邵氏公司《西遊記》齊天大聖美猴王孫悟空的認知，就在人們的心目中傳播開來，我的知名度也大增。當時，有人因為我是邵氏電影公司演過齊天大聖的本尊，就要來跟我學功夫，我拗不過他們的一番誠意，就在華埠開了個龍章舞蹈班，教些絲帶舞、劍舞和《春江花月夜》等，來學的都是一些大人，上課的時間是在晚上。

演出超過兩百場的《小放牛》，與香港七小福的陳元香。

其實，我哪裡懂得怎麼教舞蹈，還好學生的要求不高，我也為了穿衣吃飯認認真真的教學生，因此讓我還可以濫竽充數。因為社區的需要，我們又便宜，所以我也帶著學生到處演出，一度更成立了「龍章舞蹈團」，在各大中小學晚會上，《千里送京娘》和《小放牛》老調新唱起來。那些日子就一齣《小放牛》我就有過兩百場的演出紀錄，唉！人呢都得隨著命運走，考南國劇校我是第一名進去的，畢業六十多個學員中我也是六個正式簽約給邵氏公司的一個，演了齊天大聖我也總算也是邵氏明星了，但我走了，我放棄了，我醒了我的明星夢，但我絕不會放棄我對中國戲劇的熱愛，對京劇我永遠是一個小票友，我會至死不棄的追隨他，在海外盡我全心地宣揚他。

然而，人怕出名豬怕肥，我的小小的知名度，也給我帶來兩件意想不到的事。詳情見後。

我的同志告白

現在說一下我的同性戀。如我先前說過的，我是個天生天養的同志。少年時期我就知道我有這個性向。因為那時，我只要看到年輕漂亮男子的照片或海報就會感到莫名的興奮，如果那個小生是半裸的，那更讓我剪下來貼上去，所以我家有幾本這種剪貼照讓我抱著睡覺，反而對一般美麗的女明星不感興趣。坦白說，我認為大多數的同志都是天然生成的，如果他們能夠有所選擇，百分之九十九的人都會選擇不要當個被人視為異端的少數gay。同性戀是件壞事嗎？這點我倒不認為。事實上，你看，同性戀者之中不乏出類拔萃之士，尤其在藝術和文學這個領域，同性戀者似乎特別敏感或具有天賦。

我因為身材短小，高大俊秀的男子，不論是亞洲人或是西方人，就算我看上了，對方也不容易看上我。所以我交往的多半是東方的男子。我喜歡的多半是年輕的、俊秀的東方男子。在我的一生中我有過幾個同性戀的情人都屬於這種典型，有菲律賓裔的，有中國的年輕藝術家，也有在美國碰上的華人等。我處於熱戀的情境中，最喜歡做的一件事就是與我的愛人熱吻，有時一天要吻上數十次。可以想見的，我的情人多半經濟情況不是太好，甚至有的還染上一些惡習如吸毒等。因此，在分手前，我免不了要在他們身上花一些錢。

許多人對同性戀有著錯誤的認知，認為同性戀可分為壹號及零號。壹號嘛，就是扮演男性的角色，而零號嘛，就是扮演女性的角色。其實，我既不是壹號也不是零號，因我的屁眼太小了，夥伴的陽具插不進去，所以做愛時我們總是用69的方式進行口交。就這樣，我一生中少說也有超過百個同志性伴侶。有人說我是人盡可夫，其實我到現在還在找一位永久的伴侶，只是對象不能太年輕，因為我已經老了，不需要再找個兒子來伺候。

出櫃對於我來說，不是件什麼了不起的大事。我認為，這種事反正也瞞不了人，幹嘛扭扭捏捏地像是見不得人似地。但是，有許多明星就是看不穿這一點。我記得《色戒》在後期製作的時候，我也被邀請到劇組。那時，李安介紹我是「紐約同性戀團體的領袖之一」給其中一名演員，當時我看見他的臉色非常地緊張和不自然，似乎深恐和我有什麼瓜葛。這樣三秒的一個眼色，我們就不可能做成朋友。

一個帥氣的男人到了四十歲左右，若是沒有女朋友的話，多半就有問題。這種例子可說不勝枚舉，譬如一名公認夠帥的演員，也不聞他有什麼女性朋友，但觀眾還不是一樣愛他捧他。大約應該有二十多年了吧，他也不負眾望愈來愈帥，演技也愈來愈好，至於感情生活就我行我素吧。

所以，我個人的說法是，要祖上三代積德才會出一個同志。同志對人類文明的貢獻遠超過異性戀者，你能想像沒有白先勇、林懷民，甚至年輕一輩如吳季剛的台灣會是怎麼個樣子？為什麼老是要用有色的眼光看待同性戀者？同志難道不該有他們的人權嗎？

我有兩任太太

一九七四年我有些知名度之後，第一個意外是我結婚了。我以前在邵氏南國劇校時有個盧姓女同學，跟我相處得一直很不錯。有一天，她打探出我在紐約有間禮品店，就跑到店裡來找我，說是她來紐約已有一陣子了，為的是她有個男朋友，但她的男朋友突然要求跟她分手。她沒有身分，無法在美國留下來，問我怎麼辦？

怎麼辦？看她一副梨花帶雨、楚楚可憐的樣子，我的俠義心腸突然大發，跟她說：「我們結婚吧。

周龍章和他當時的男友 Eric。

年輕時的周龍章。

菲律賓裔的 Eric 和周龍章共屋同住三年。

我有綠卡，妳只要嫁給我，身分問題就自然解決。」她聽了之後一陣錯愕，但我隨即向她解釋說，我是個天生天養的同性戀者，所謂結婚也者，不過是去註個冊登記而已。她考慮了一下，當下就答應了。

就這樣，我有了平生第一樁異性婚姻，雖然我們沒有同居，仍然各過各的日子。但過了不到半年，她的男朋友從法國到紐約來找她要求重修舊好，我們就友好地離婚了。她男人也靠著她拿到的身分在美國定居做生意，現在我們已沒有來往，但聽說他們的生活經濟發展得不錯呢！她畢竟也曾是邵氏的明星之一，也是一個好女孩子，現在更是一個好媽媽，名字我就暫且不提了。

身為同志，結了一場婚倒罷了，我還來了第二場！我的第二任妻子王敏，是我老師童芷苓的學生。王敏是一個好女人，純潔美麗，一副好嗓子，一個好扮相，專業的一個京劇大青衣。王敏的前夫李岩，也是個唱戲的，兩人有一個孩子。因為她在李岩那邊受了委屈，強烈地想要自我流放，帶著孩子離開中國。只是當年從大陸要出國不容易，尤其是來美國難上加難，所以找童老師幫忙。

還沒結婚前，我就跟童老師說，我是很想有個兒子，可是我是個同性戀者，是沒法跟女人上床發生關係的。童老師在信上說，那就難囉！你又想有個兒子，又不能跟人家嘿咻，那你們乾脆假結婚吧。那年我多麼崇拜童老師呀！她說什麼我是絕對聽的，那年我二話不說就趕到上海，童老師替我介紹了她的愛徒王敏。

我們因童老師相識相交，我還跟著她到天津老家，拜見了她父母，一家都是好人哪，我不但愛王敏更愛她的兒子，十歲乖巧的兒子跟我也有緣相處得很好，她為了表示對我的尊重，要她的兒子改名為「周小龍」，並且要她的兒子叫我爸爸。

我多麼希望我是異性戀者，我也三十出頭該成家了，可惜我不是，王敏任我解釋，但她對同性戀也是一知半解，我又年輕又清秀，她以為她能用她的正派正氣改變我感動我，她又一心一意要出國，所以就一切出了國再說。我非常能了解她在前個婚姻裡受到的創傷，為了報答童芷苓老師，我也願全心配合她，並煞有其事地跟她去拍了結婚照，更在天津領證請喜酒，高高興興，一切似乎像那麼回事。我也對得起童老師對我的信任，王敏在家裡及劇團總算也爭回了面子，她是一個老實安分的女人，戲好、嗓子扮相也好，是一個京朝大角的份兒，可是她自己沒野心也沒這個命。

然而，王敏到了紐約之後，問題就發生了。她是個成熟的女人，又正值狼虎之年，自然會有生理上的需要，可是，我就是沒法對她的身體感到興趣。兩夫妻成天除了做飯、吃飯，就是大眼瞪小眼，在家裡每天唱〈坐宮〉（京劇《四郎探母》中的其中一折戲），也沒什麼特別的話題。她英文不好，頂多只能替別人帶帶小孩，補貼一點收入。

對我，她倒是該做的都做了，我到後來為了躲她，不讓她難過，就常常故意等她睡著了才敢回家，為的就是躲她，不要她太委屈。

周龍章和第二任妻子王敏的婚紗照。

就這樣，我們這樁假婚姻居然維持了六年光景。這六年之中，我每月寄錢給她在中國的兒子，因為我本身也非常喜愛這個小孩，後來這個小孩終於也來到美國，王敏看看對我已無所需求，要做真夫妻我也實在沒這個辦法，而我自己也還年輕還沒有玩夠，她就無奈地自個兒捲包袱走了。聽說她後來嫁了一個鍾姓的好男人，好像是個攝影師什麼的，緣分盡了就是盡了，也沒再聯絡過，在此祝福她一切順心，也是這個好女子應得的。周小龍是大人了吧？很想念他呢！想想也真可笑，我跟李岩的兒子有這麼一段六七年的父子緣。

聽說李岩老師在離開王敏之後，和刁麗老師修成正果結婚，結婚之後也又離了。只是每當我想起王敏當年在那個過程裡受的委屈、自我流放，不惜和我假結婚也要出走異國，就不免想問李老師一個問題：您怎麼回顧當年妻離子散的這段經過？您是否曾經後悔過？

不過，周小龍我是真心喜愛的一個晚輩，不管他現在認不認我，我相信有一天我往生後，一定會留一筆遺產給他。小龍他媽媽是個好女人，當初走這一步一切也是為了小龍，也請小龍體諒我只能做我能做得到的，幫我所能幫得到的。

盤絲洞（The Web）

前面說過，紐約是個多族裔的城市，而且同志文化非常發達。八〇年代、九〇年代，光在紐約市，就有兩百多家同性戀酒吧。我因為是這些酒吧的常客，而且每次去都是所費不貲，有一天我不免想到：紐約市有四、五萬名亞裔同志，為何不能有間專屬亞裔同志的酒吧？我跟幾位朋友分享了我的想法，沒想到，立即獲得兩位朋友的熱烈響應。

亞裔同志因為語言的問題，多半不敢輕易涉足洋人開的酒吧，要是不小心誤入，隨便被敲個三、五百美金是常事。基於這種情形，我們認為亞裔同志酒吧是處於有顧客而沒場地的狀況。於是，以劉振瑞（馬來西亞華僑）為主，包括我在內的三名股東，就在五十八街、派克大道和麥迪遜大道之間找到了一家曾被火燒過，當時已廢棄的私人俱樂部，改裝之後於一九九〇年正式開始營業。起初，我們名之為「58俱樂部」，後來，因為網路當時正要起飛，也因為我在邵氏主演過《盤絲洞》，我們就把酒吧取名為「The Web」。中文名字就叫「盤絲洞俱樂部」。

「盤絲洞」一開張生意就很好，每天下午四點開門，一直要到凌晨四點才息業，生意最好的時候，得在門口等四五十分鐘才進得來，日本人、韓國人、菲律賓人、越南人、泰國人、中國人……擠破了我們的俱樂部。外國同志喜歡東方人的，亞裔同志喜歡白人的，每晚一定要來「盤絲洞」報到。而且我們的宗旨是為人民服務，別的酒吧收三十五十，「盤絲洞」只收十元美金就可以在洞裡昏天黑地泡上一晚上。紅到什麼程度呢？可以說，所有的亞裔同志，一到紐約，就必須要找到「盤絲洞」在那裡，心才會定下來。生意好的時候，我一個晚上光做酒保的小費就有三百美金。每天晚上回到家光數鈔票就數不完，可惜開銷也大，方方面面都要打點，最後錢也是沒有賺到，不過我看得開，人生嘛！這麼好玩，又服務了那麼多的可憐人，什麼本都夠了。

我們的酒吧有三層，地下室是我的畫家好友陳丹青畫的一連串古希臘男子煽情的壁畫。可惜這些壁畫後來因為酒吧重新裝修而毀損了，否則的話，以陳丹青今天的名氣，一定會有許多觀光客會專門來瞻仰他的畫作。我們的酒吧談不上豪華，甚至可以說是有一點寒酸，除了一盞會旋轉的星形大吊燈之外，平常多半是靠一些go go boys表演節目。像我，剛開業的時候除了客串酒保之外，也經常客串go go boys上台表演一番。二樓除了有撞球檯之外，也有隱密性較高的黑房，讓情急的客人可以解決問題。不過，要在凌晨一點之後才開放。從二〇〇〇年開始，「盤絲洞」每年六月都會參加全紐約一年一度的同志大遊行。我們的花車，都是陳丹青幫我設計的，我會替花車上穿著小短褲的帥哥同志表演者設計一些舞蹈及武術。就這樣，連續四年，我們得了全紐約一百五十多部花車中的最佳花車獎。

來過「盤絲洞」的明星有許多，隨便說，就有張艾嘉、費翔、李連杰、章子怡、張國榮、甄妮、羅文、羅大佑、江青等等，台灣著名的作家許佑生，就是在「盤絲洞」遇見了他的先生，後來他們在台北結婚的時候，聽說陳水扁還去主婚。

周龍章在盤絲洞客串哥哥 Boy。

紐約同志大遊行，周龍章帶隊代表華人參加。

與「盤絲洞」的投資伙伴劉振瑞合影。

「盤絲洞」每個月都會推出新的節目，如選拔最帥同志、反串皇后、亞洲王子等等，讓大家玩得開心。我們還替新移民開了一些課程，所以大家都對「盤絲洞」非常推崇。在我的酒吧裡，二十幾年來毒品是絕對禁止的，這一點在紐約的酒吧中算是非常不容易，這倒是我把持得好，連抽煙也不可以，要抽煙得去門口大街上。打架在我們的酒吧也很少，倒是爭風吃醋的事經常發生。「盤絲洞」還舉行過多次同性戀婚禮，我還當過證婚人。我們的員工之中若有人患上愛滋病，我們也會特別給予照顧。

「盤絲洞」從開張的第一天就開始賺錢，一直賺到九一一恐怖攻擊事件為止。九一一恐怖攻擊事件一發生，就像是個轟天巨雷，讓酒吧的消費者產生無比恐懼的心理，再也逍遙快樂不起來。我們雖然苦苦支撐，但撐到二〇一三年，我們再也撐不下去了。沒辦法，我就跟合夥人劉振瑞商量，結束了「盤絲洞」的生意。在「盤絲洞」營業的這二十三年中，發生過無數悲歡離合的故事，可以寫成一本十萬字以上的專書。啊！俱往矣！無論如何，「盤絲洞」對於東方的同志來說就像是一個家，來到這裡就放下很多煩惱。到今天為止，我很高興我參與了美國第一家亞裔同志酒吧的創立，這方面我要感謝我的合夥人劉振瑞，給了我一個為人民服務的機會。

在頒獎典禮上榮獲全紐約最佳同志花車獎。

第四話 CHAPTER 4

在藝術和戲劇中成長

GROWTH IN THE ART AND DRAMA

生命中的貴人——Olga Tong

一九七四年的第二個意外，是我碰上了我生命中的第二個大貴人，Olga Tong。唐老太太本身是白人，嫁給一位中國讀書人為妻，但先生已經過世了。她本身是位人類學的博士，教了一輩子的書，如今已退休，靠一些積蓄及每月領取社會福利金過活，有個智能障礙的女兒和女婿。女兒和女婿都對老太太不是太好，因為他們智障他們不懂。

我到現在還搞不清楚為什麼唐老太太這麼喜歡我，把我當親生兒子一樣寵愛。我跟她認識是有一次我在《白蛇傳》中串演許仙這個角色，演完後她跑到後台來為我們加油打氣。從此，她就黏上我了，對我比她親生兒子還要親。她帶我到銀行登記，她的銀行存摺，只要我簽字，一樣可以領錢。那時紐約的一所大學有個戲劇碩士的函授課程，我去報了名。到後來，我的碩士論文都是她幫我翻譯的，書也是她幫我念的。就這樣她幫助美華幫助我本人，無怨無悔的二十年。公事之外每兩星期她也總來我住處替我洗衣、整房間，燒一些非常難吃的中國菜，我呢，因為惜福感恩，總是一口一口替她全部吃光。

她一生教學省吃節用，在布魯克林公園大道旁有棟四層樓的大房子，大小共有十三個房間，屋後還有個花園，她死前因為怕有遺產稅的問題，故把房子預先過戶給我。她是年輕的時候趁著房價便宜買的，如今這棟房子少說值百萬美元以上。我幸好有這棟房子可以放租，否則後面幾年我手頭拮据就撐不過去了。當然，她的智障的女兒及女婿是由我負起照顧的責任，一直到他們倆都過世為止。

為了感念唐老太太對我的恩德，至今我仍把她的骨灰罈置放在我的辦公室裡，以便我不時可以頂禮膜拜。美華藝術協會有任何事件，或我私人有任何大事小事我總向她報告報告。坦白說，要不是有她的幫忙，我今天絕不能夠完成許多事情。這一切也只能說是天意，我是感恩的，我不知道老天爺的旨意何在？但我是蒙受到了。

我熱愛的表演生活

禮品店的生意總不很好，所以我又和一個同學在十四街七馬路上開了一家外賣小吃店，開始時生意很不錯，但我還是睡在店裡的沙發上。就這樣一直到 Olga Tong 老太太要我搬去她家住為止。

然而，就在這個時候，我參加了江青舞蹈團。江青本來就是我在南國劇校的老師，與我是舊識。當年她在電影界也是很紅的，《七仙女》、《西施》、《狀元及第》中，她都是女一號，但她為了劉家昌和李翰祥婚姻私人問題，獨自離開了電影圈，在盧燕的洛杉磯居所停留了一陣後跑來紐約，成立了紐約江青舞蹈團。團員中只有一個黑人、一個日本人、一個洋女孩、一個洋男孩和兩個中國男孩。這些人都是為藝術而參加的，平常只領一些少量的車馬費，沒有薪水。但是舞團經營得非常專業正規，江青有一次為我編了一個長達兩個小時的大舞劇，她自己只演一個小配角，有個幾分鐘的獨舞。公演時老林（林懷民）也來看了，說是我所跳的老漁翁演得最好，叫人感動淚下，可是論舞蹈的表現就數我最爛，跳的最差。他說，要是我是雲門的一員，他一定開除我。沒想到，這齣由電影《喜、怒、哀、樂》改編名之為《樂》的舞劇，被《紐約時報》稱之為中西合璧的絕佳作品，江青姐帶著這部作品參加全美各式各樣的舞蹈節的演出，後來我們還去香港參加亞洲藝術節。

也因為這次的成功，很多外百老匯的劇場導演來找我，其中以華裔導演Tisa Chang改編自京劇的《鳳還巢》最為轟動。Tisa在外百老匯有她的地盤，她把京劇摻雜了南北歌舞雜耍，在外百老匯著名的「辣媽媽」（La Ma Ma）劇團演出，連演了兩個多月，每場有八十多個座位，因為是中英文雙語演出，又把中國功夫、舞蹈、京劇、越劇、黃梅戲、崑劇全加在一起。所以洋人好奇，CBS電視台也看上了我們，正式請我們入棚拍攝整劇，並在星期日早上播出。那年是一九七二年，每播一次我們每個演員約可拿一百美元。啊！那段日子，雖然窮，雖然苦，現在回想起來，倒覺得十分實在！

美華藝術協會的成立

時序移轉得很快，一會兒就到了一九七五年。這一年可以說是我一生中最重要的一年，因為，就在這一年，我與一些朋友成立了美華藝術協會，從此決定了我的後半生。

大紐約地區雖然有八十多萬華人，但那時紐約中國城並沒有一個像樣的藝術社團或是專門主辦華人藝術活動的機構。在一些熱心朋友的鼓吹之下，我們成立了美華藝術協會（Chinese American Arts

Council），由我擔任第一任也是至今唯一的會長。這些朋友是誰呢？喔！有當時業餘平劇社社長文紀洛、台灣旅美陶藝家李茂宗，專搞海外電視的羅中郎、華策會的副會長王碚、我，以及我所推薦的唐老太太（Olga Tong）。

單憑一股服務藝術的熱情與理想是難以成事的。為了找一株大樹作為依靠，我們投奔了當時華埠最大的華策會（Chinese American Planning Council）。做為它的附屬機構之一，條件很簡單，就是我們在活動之中要為華策會打廣告。華策會還提供了我們一間辦公室，就是百老匯街456號。這間辦公室就成了我們的總部，一直用了幾十年。因為辦公室的空間很大，又在紐約最出名的藝術中心蘇活區，我覺得可以另作他用，就把它改為一個展覽空間，也就是至今已經展出兩百多位藝術家作品，在紐約藝術界大大有名氣的「456畫廊」，又叫「群藝堂」，因為這個名字太老太中國，所以現在已沒有人那麼叫它了。

別看Olga Tong是位看似不中用的洋老太太，她其實是個大博士，經驗好學問好，是美華藝協的英文文膽。我們向紐約市政府文化局、紐約州文化事務局以及美國國家藝術基金會（NEA）申請補助，幾乎所有的案子都是出自於她的手。那時，美國各級政府的經費充足，而華埠又特別需要像我們這樣的一個組織，所以我們做的事情特別多，最多一年可以做到兩百多個活動，大大小小的都有。

譬如說，每個週末，我們都在華埠的哥倫布公園免費演出：華埠夏季文藝大會，雖然演出的多半是社團性質的表演，但也節目種類繁多。許多家庭也是一到週末就帶著全家老小來欣賞，到了週日下午，

周龍章在美勞軍演出。

李安導演也曾造訪 456 畫廊。

都是座無虛席。難得的是，這一做就做了二十年，從一九七五年到一九九五年，我們的成績就擺在那兒。

一九七七年，因為在紐約藝文界我們已做出了一點小名聲，便受邀到白宮參加聖誕節的點燈儀式，就在露天的白宮玫瑰花園，並做演出。那時候的總統是卡特，我請了四位嘉賓舞蹈家表演，一位是高潔冰，另一位是楊凡，還有當年香港「七小福」的成員陳元香、虞元紅，還有十幾位紐約當地的武術演員及舞者和我的學生。楊凡是男扮女裝，演一位思凡的尼姑，非常漂亮，美豔動人極了，比女人更女人，比俞少群更俞少群，但他一看完卡特總統亮燈儀式就撤了，沒留下來看表演。他老人家二話不說地為自己在場上拍了些跳舞的照片，匆忙下了裝就溜之大吉，連後面的演出也沒參加。後來他到了香港，包裝成一位頂級名人攝影師，更拍了十幾部非常豔俗一般普通觀眾看不懂的電影，而導演自己也成為宣傳大師，這倒是後話。

現在說說我的住宅。美華藝術協會成立之後，唐老太太看我沒地方住，就邀請我住到她家裡去。後來，曼哈頓的四十二街地區因為治安太亂，富人不敢搬進來住，地產商只好將土地賣給市政府。市政府規劃改建公寓，專門給低收入的藝術家住。老太太在《紐約時報》上看到這個消息，就鼓吹我去申請。那時申請的華裔藝術家很少，最後只有我和江青申請到。她住七樓二房一廳，我住四十五樓一房一廳，這一住就住了三十幾年。因為我的住宅離百老匯走路只有幾分鐘，所以港台、大陸的友人及藝人來紐約時，特別喜歡住在我的小套房。隨手一數就有甄妮、盧燕、劉文正、費翔、郭小莊、羅大佑、楊凡，來訪的藝人更不計其數，章子怡、徐靜蕾、傅聰、馬友友、馬友乘姐弟、鍾楚紅、鄭佩佩、江青、王菲、張君秋、童芷苓、徐露、魏海敏……，過去三十年間，我接待過的藝人可說不計其數。

彷彿的代言人

由於我在紐約的藝文界非常活躍，慢慢地認識了許多人。紐約是個多族裔的地區，華人約有八十多萬，自然也成為一股小勢力。美國是個民主的社會，為了表示對少數族裔的尊重，許多公家機構在舉辦活動時都要照顧到各個族裔的權益。這有點像是台灣政府的行政院，下面設有蒙藏委員會、客家委員會、原住民委員會等組織，花的雖然是納稅人的錢，但是在選舉時就能發揮一定的作用，紐約也是如此。每逢市政府或州政府要辦什麼活動，它們總是要留一些空間給義大利裔、西班牙裔，或是華裔的新移民。我因為在紐約非常活躍，許多公開的場合，需要有代表華人的藝術活動，大家都會第一個想到我。港台、中國大陸的新移民中，到紐約的藝術家，也自然而然會和我結識，而且許多和我成了好朋友。無形中，我彷彿成了中華表演藝術的代言人。

事實上，我也樂此不疲。我是個戲痴，唱得好不好是一回事，但要有幾個月不唱戲，我就渾身不對勁，非得上台紓解一下不可。當時美華藝術協會的活動可多得不得了，而大多數是義務性的（如到醫院、學校表演等），讓我成天忙得不可開交，每個月我們總有幾次在醫院歌舞來安慰病患。

說來也許令人難以置信，我最忙的時候，一年要辦兩百多場活動，你認為我的薪水有多少？換了別人，至少也得要個八萬、十萬美金吧？然而，我們美華是個非牟利性機構，所以我的薪水最多時一年也不超過四萬美元。而且，我的公司裡除了我之外，頂多只請一男一女兩位助理，一碰到大型演出，都是要靠我四處找關係張羅才能過關。

《神猴西望》

紐約是個人文薈萃的地方，它不但是美國第一大城，也是美國財務、金融和表演藝術的中心。所以，不論是西方人或是華人，生平總是要到紐約走上一遭，才算是到了美國。七〇年代、八〇年代，港、台、大陸的藝術家只要到了紐約，少不了都會跟我有深切的交往，我也成了等同於文化參事和禮賓司司長，每隔一陣子就要做一些送往迎來的事。為了交通方便，我曾同時擁有兩部約有八成新的賓士汽車，要不就是我自己擔任司機，要不就把其中一部借給友人，讓友人有賓至如歸的感覺。二〇〇五年彭麗媛在紐約演出的那段時間，坐的就是我的黑頭破賓士車，當時的司機大哥就是我的哥們兒王凱杰。

就這樣，我的生命在紐約各大中學講學演出，幫助藝術家，及一段段同性戀戀情中度過，一直到我創辦了一生中最得意的「亞洲最傑出藝人獎」為止。在我創立「亞洲最傑出藝人獎」之前，發生了一件讓我意想不到的大事。

周龍章的孫悟空扮相。

和《神猴西望》的導演崔明惠合影。

原來，紐約大學電影系的系主任崔明惠。她是個韓國人，但她吃的是中國飯，說的是中國話，思想也非常中國。她看我從遙遠的東方來美國闖蕩，她非常能欣賞也喜歡京劇，她認為我足以代表一般東方新移民中藝術家的形象，就想以我為主，當題材拍一部紀錄片。她還把紀錄片取了個饒富意涵的名字，叫《神猴西望》(Monkey King Looks West)，和我一起擔綱演出的還有張義鵬，以及出身香港七小福的虞元紅、陳元香等人。

我以前在邵氏拍電影時多半演的是次配角，曾幾何時這部紀錄片居然讓我成了主角，我自是全力以赴。《神猴西望》是獲得美國國家藝術基金會五十萬美元的贊助，才得以拍攝完成。這部片子曾參加柏林影展、夏威夷影展、加州聖塔芭芭拉影展等，獲得不少好評，只可惜來不及參加金馬獎。

更不可思議的是，有個台灣旅美的紀錄片女導演叫陳梅筠。她本身並不是個京劇迷，但手中收集了許多當年梅蘭芳演出及生活的錄影帶，勾起了她一個想法．要拍一部紀錄片叫《梅蘭芳的京劇世界》。但是，她訪談了許多內行和梅派傳人，都認為不適合，直到她碰到我，居然一拍即合。

坦白說，我何德何能，怎麼能夠串演一代大師的風貌？也許是我們兩個膽大妄為吧，居然花了幾個月時間拍出來了，還參加了許多國際電影節的展出，連不少京劇的內行也來一探究竟，看了之後自然是對我罵不絕口。對此，我只能說，在梅蘭芳眾多的紀錄片中，這絕對不是最好的一部，它只是我一生中眾多膽大妄為的事蹟之一而已。

細說亞洲最傑出藝人獎

有些人批評我創辦的「亞洲最傑出藝人獎」說，你這個獎完全沒有公信力。

其一，當初一九八一年成立這個獎項是要命名「青龍獎」的，但因為我自己的名字中有個龍字，所以改稱「亞洲傑出藝人獎」。有人問，既然名之為「亞洲」，為何得獎者清一色的都是華人？

其二，人家每個獎都要組個評審團或是委員會之類的，而且都要經過一道道繁複的評審過程，唯獨你這個獎雖然打著是紐約文化局的名號，事實上卻是你周龍章一個人說了算，這算是那門子的公平公正？

對於這些抨擊，坦白說，我是心中自有一把尺，如同名稱亞洲最傑出藝人獎（Most outstanding Asian artist award），每一位得主的成就絕對無偏無私，沒有任何政治、人情、金錢和權力掛鉤。

得獎者有傅聰、馬友友、徐露、張君秋、梅葆玖、紅線女、戚雅仙、王文娟、徐玉蘭、魏海敏、顧正秋、江青、言興朋、嚴蘭靜、童芷苓、傅全香、金采風、楊麗花、林懷民、林昭亮、張柏芝、吳彥祖、黎明、徐若瑄、秦海璐、蘇有朋、吳辰君、郭富城、章子怡、趙薇、吳秀波、甄子丹、楊千樺等等。每一位得主都從工作地趕來紐約，試問，世上有那個有關華人表演藝術的獎項的名單能超過我們？

所謂組成評審團也者，只是表面上的公平，實質上的公正呢？二〇一三年的金馬五十，「終身藝術成就獎」頒給甄珍。甄珍女士是我們年少時代的最愛，她可愛，又頑皮，也算會演戲，但她二十幾歲就退出電影圈，先嫁謝賢後嫁劉家昌，命好！一輩子沒吃過一點苦，卅年來也沒替電影藝術做過任何一件事，金馬五十把甄少奶奶搬出來，給她「終身藝術成就獎」，你又怎麼說？

「亞洲最傑出藝人獎」固然是我一手所創，再加上林肯中心及紐約文化局局長的坐鎮配合，更加上我不存私心，這些年來，這個獎成績單在此，不但為華人爭光，為紐約爭光，也為整個華人的表演藝術爭光，我是問心無愧的。

也有人批評說，周龍章把持了林肯中心幾十年，利用林肯中心的光環為他私人打造知名度。對於這種批評，我老實說是哭笑不得。林肯中心是美國表演藝術的最高殿堂，內部有嚴密的組織和不容違反的紀律，豈是任何一個人能夠把持的？如是的話，那你為什麼不去把持看看？有人阻止你嗎？別的不說，你不妨先自問一下，你有本事像我一樣在林肯中心上演上百齣最精銳的華人戲曲表演嗎？坦白說，我之所以能夠成功地使用林肯中心的名義舉辦「亞洲最傑出藝人獎」，完全是因緣際會。

林肯中心是屬於紐約市政府的一個機構，它必須照顧到少數族裔的權益。它有個社區部門，專門邀請義大利裔、華裔、拉丁裔，甚至是黑人族群的代表共商節目，等同這些族裔的代表就是林肯中心的椿腳。一九七八年的時候，前紐約大都會博物館館長 Henry Geldzahler 被 Mayor Koch 任命為紐約市文化局長。他有個想法，想利用林肯中心的戶外場地在暑假期間舉辦個戶外表演節，讓紐約市民及外來觀光客能夠免費觀看。於是，我也被找去開籌備會議。依照林肯中心原來的想法，是要叫這個戶外節慶為Lincoln Center Street Festival，開會時問到我的意見，我說：「何不乾脆叫Lincoln Center Out of Door Festival？」本來，這在英文中有點半通不通，但與會的六人居然贊同我的竟見，包括負責節目的Jenneth Webster女士在內。於是，林肯中心就成立了Outdoor Festival，而且一做就做了三十年，華人的節目包括有羅大佑演唱會、譚盾武俠三部曲音樂會、台灣的原住民舞團、朱宗慶打擊樂團、福州市立閩劇團，及台灣的九天民俗技藝團、漢唐樂府在內。

Henry Geldzahler本身是個知名的藝術史學者，曾經也是紐約大都會博物館的館長，可是他也是紐約知名的同志，有個短小精悍的波多黎各年輕情人。他第一次看到我就非常喜歡我，有一次開會結束後，他特地要我留下跟我說：「你提兩個企劃案給我，我挑一個看看有什麼我可以幫美華和文化局合作的地方。」

我回到辦公室之後，立刻找了Olga Tong洋老太太寫了兩個企劃案：一是將我的碩士論文《中華藝術在華埠》印成專書，這份碩士論文由我口述，Olga Tong主筆，是八〇年代一份很好的中華藝術在紐約發展的實錄。二是每年春節期間在林肯中心舉辦「中國城萬歲」的表演節目。萬萬沒想到的是，貴為新上任文化局局長的Henry Geldzahler居然一口氣答應了我的兩個企劃案。我只能說，這是瞎貓碰到死老鼠，我有時就是有這種歪打正著的好命！也因此我們美華和市政府的關係愈來愈好。

還有，林肯中心社區部的主任叫Dr. Leonard de Paur，是位名指揮家，也是法國籍的黑人。他見玉婆伊麗莎白泰勒多年努力為公益事業出錢出力，為愛滋病患奔走，不遺餘力，便以林肯藝術中心的名義頒個「終身藝術成就獎」給她。Dr. Leonard de Paul 這麼一做，當即啟發了我的靈感，我們華人之中不是也有個玉婆李麗華嗎？她就住在紐澤西，雖然平素不與人來往，但與我之間還是保持聯絡。因為當年她在邵氏拍《觀世音》那段時間，我在拍孫悟空，所以打光換景休息的時候我總是溜到她的棚裡去找她聊天，雖然那時她是天王巨星，我是沒沒無名，但她也總是平易近人和我打成一片。等她退休後她搬來紐約，平常喜歡調嗓玩票，常在丁大夫丁景源家唱戲，我也常去，所以一直有來有往。

於是我就向Dr. Leonard de Paur建議，以紐約市文化局、林肯中心及美華藝術協會的名義成立「亞洲最傑出藝人獎」，第一屆就希望頒給李麗華。令我喜出望外的是，Dr. Leonard de Paur居然一口就答應了，那玉婆李麗華更是不在話下。李麗華雖然平生拍了一百多部影片，但已息影多年，而且老伴嚴俊也已過世，有這樣難得的機會讓她重新嶄露頭角，對她來說正是求之不得的事。

就這樣，「亞洲最傑出藝人獎」誕生了，那年是一九八一年。林肯中心在八〇年代可不是像今天這樣有錢就可以租場地的，那時，要進林肯中心可說是難上加難，所以台灣及中國大陸的藝術界莫不以能夠在林肯中心上台為榮。有了林肯中心這張牌在手，我幾乎可以請到所有海峽兩岸的藝術大師們了。

當然，我們辦活動免不了許多開銷，需要向外尋求贊助。紐約市的電力公司叫康愛迪生

PROGRAM

About the Most Outstanding Asian Artist Award

The Most Outstanding Asian Artist Award, presented annually, was founded in 1981 by Mr. Henry Geldzahler, Commissioner of the New York State Department of Cultural Affairs; Dr. Leonard de Paur (1914–98), Director of Lincoln Center; and Mr. Alan Chow, executive director of The Chinese-American Arts Council. It was, and still is, one of the first awards to recognize outstanding Asian performing artists. The Most Outstanding Asian Artist Award includes three categories: Lifetime Achievement, Most Outstanding, and the Special Award. In the past 21 years, 59 performing artists have received awards for outstanding performance and achievement in a variety of disciplines, including classical music, traditional Chinese music and dance, modern and folk dance, theater, puppet theater, and national and regional Chinese operas.

This year's award ceremony and program is dedicated to Jian Lian Kuang, Ching Ping Wong, Shen Hua Ji, and Rika Yu, who have contributed their entire lives to the promotion of Chinese opera and performing arts and Chinese music. We greatly appreciate their endless enthusiasm and dedication to the Chinese performing arts.

Lisa Lu (recipient of the 1999 Lifetime Achievement Award) and Alan Chow.

Yo-Yo Ma (recipient of the 1982 Most Outstanding Asian Artist Award) and Alan Chow.

All photos by Victor Yang

Schuyler G. Chapin (Commissioner, New York City Department of Cultural Affairs) and Lin Hwai-Ming (recipient of the 1991 Lifetime Achievement Award).

PROGRAM PRODUCTION
Alan Chow, *Producer*
Shieh-wen Chen, *Coordinator*
Lily Sze, *Frontstage Manager*
Xue Wen Fang, S.E. Lu, *Artistic Directors*
Tian Hong Wang and Xiannian Xiao, *Music Directors*
Yang Gui Ying, *Costume Design*

BOARD OF DIRECTORS
Virginia Kee, *Chairperson*
Dr. Hsing Lih Chou
Allen Cohen
Ming Fay
Ying Hung
Daniel Lee
Takafumi Sugimoto
C.C. Wang
Chi Hung Yang

ADVISORY BOARD
David Henry Hwang
Cho-Liang Lin
Yo-Yo Ma

SPECIAL THANKS TO
Assemblyman Sheldon Silver
Abacus Federation Savings Bank
Great China International Tours
Renaissance Chinese Opera Society

(continued on page 37)

主辦林肯中心的亞洲最傑出藝人獎文宣。

以哪吒造型在紐約自由女神島上義演。

在林肯中心演出《霸王別姬》。

（ConEdison），我就向它尋求贊助。康愛迪生一點也不吝嗇，除了每年給我們林肯中心的場地外，還答應每年給我們演出製作費五萬美金。幾十年前的五萬美金可是一筆大數目。有了這幾張王牌在手，讓我每年邀請一兩位傑出藝人是綽綽有餘的了。

第二年，我們把「亞洲最傑出藝人獎」頒給了大提琴家馬友友先生。老實說，友友當年也沒有現在那麼紅，但友友根本不缺這個獎，他之所以願意領這個獎，第一他覺得我這個人gay得很好玩，跟我有另一種小緣分，而他也喜歡中國戲劇；第二完全是在他的血緣中存有一份對中華文化的認同。他的領獎，對美華藝術協會而言，等於是大大地肯定了我們這個獎的地位。後來他在一九八七年又答應與林昭亮一起為我們美華藝術協會舉行義演，更是給了美華藝術協會一個天大的人情，因為，這場聯合公演讓美華藝術協會賺了不少錢（每張普通票一百美元，贊助票一千美元）。這筆錢起初是進了華策會，但後來美華藝術協會缺錢時，已將這筆錢提出並用完。

第十屆的得獎人是台灣的名老生胡少安先生及北京的梅葆玖先生，這是兩岸京劇界人士的第一次大會串。我們為他們舉辦了兩岸京劇界首次的座談會，非常轟動，也開了兩岸京劇界交流的新猷。兩岸相隔了四十年的戲劇演員，居然在大洋的那頭，在紐約中城的一家會所坐下來談一談京劇，述一述往事，葆玖和他唱老生的姐姐葆玥，大展金嗓，左一段右一段和台北來的胡少安、朱陸豪唱個不停。

到了次年，在第十一屆「亞洲最傑出藝人獎」的頒獎典禮上，我又發揮了我的創意點子。我從中國大陸請來國寶級的大師張君秋，又從台灣請來青衣祭酒顧正秋，讓他們師徒倆有個「雙秋會」。試想，張君秋會顧正秋，這是多麼轟動的一件大事！在兩岸關係仍屬於肅殺的時代，有誰敢做這樣的倡議？然而，就是我這個初生之犢的胡作非為，把這件事做成了，而且造成了相當的轟動。許多散居在全美各地的華人，為了一睹張大師與顧正秋的風采，都不遠千里飛到紐約來參加盛會。

第五話 CHAPTER 5

談不上祕密的祕密

MY SECRET

成功的五個基本因素

我在紐約闖出一番名號之後，有不少人問我，我成功的祕訣是什麼？當然，我不敢說我很成功，只能說是有一點小的成就。我想，歸結起來，有幾個因素是不容忽視的：

一、我不貪財。我平生雖不富有，但多半也不缺錢。而且我孤家寡人一個，沒有什麼大的開銷，因此，錢財對我來說從沒有那麼大的誘惑。過去幾十年間，經過我推薦或擔保而取得綠卡的華人藝術家至少超過一百位，其中還不乏知名人物，但我從不收受一分錢。否則，若依目前市場行情如果象徵性地收一下，總也可發一筆大財。但我總覺得中國人應該幫中國人，大家在外都辛苦不容易，我們能幫人一點也是我們的福氣。至今我只維持一個小康的局面，但人脈極廣，跟我不收錢有很大的關係。經常有人受了我的小恩小惠，會跑來送一些東西給我，除非此人是我的至親好友，否則，我一定說：「請你把帶來的東西拿回去，我若收了你的禮物，往後我們還怎麼替你服務呢？」

二、我從不搞政治。我雖然來自台灣，但我絕不反共也不親共，多年來，美華藝術協會的招牌就是沒有政治立場。什麼法輪功、藏獨、疆獨、台獨，我碰也不碰，已是眾所周知，因此，這些激進團體也從不來我的活動或演出的場子鬧事，免得自己下不了台。美華藝術協會也只為服務藝術而藝術。

三、我與人為善，從不自以為是，大放厥辭。譬如我擔任美國國家藝術基金會執委有六年之久，每次開會我都緊緊張張，事先要準備很久。可是開會時，我從不高談闊論，發表一些自以為是的意見。其他的執委看我不是個麻煩製造者，在我第一任屆滿時就說：「Let's keep Alan Chow」就這樣，我又可以混個三年。

四、我是初生之犢不怕虎，別人不敢做或是認為不可能成功的事，我偏敢於嘗試，而且屢試不爽。我的哲學是「不試白不試，試了不見得白試」。譬如說「亞洲最傑出藝人獎」第十一屆我邀請北京的張君秋和台北的顧正秋兩岸國寶同台領獎，兩大國寶同台，這是何等大膽的想法，但是，就是給我做成了，而且造成很大的轟動。

五、我的生命中會適時出現一些貴人，如先前提過的南國劇校校長顧文宗先生，如非常疼我的Olga Tong唐老太，以及林肯中心的前後主管Leonard de Paur、Jenneth Webster、Bill Bragin，紐約市文化局長Henry Geldzahler等，這些人不但不以我的同志身分為忤，有的還特別欣賞我是個同志，你說怪不怪？這只能說，美國人對同志有著特殊的同情和包容。也許，我沒有太大的學問，我只有所謂的「街頭智慧」（street smartness），該磕頭時我不惜磕頭，該送禮時我也絕不手軟。這也許要歸功於我的草莽歷練吧。

至於我是怎麼混進美國國家藝術基金會（National Endowment for the Arts）的呢？說起來，也是個大笑話。NEA駐紐約代表叫John Weasel，他跟他的男友Billy和我很合得來，他見我從事藝術活動很積極，就推薦我為第一個華人執委。每年，我們要開兩次會，每次三天，都是頭等艙的機票和五星級飯店，還有一天一百二十五美元的餐費。由於開會前要做報告，我嚇壞了，每次開會前都先去華府朋友家惡補。就這樣，因為我不強出頭的個性，讓我一混混了六年。

要進NEA是多難的事，但就是讓我能夠得逞，讓許多人望而興嘆。這有點像是我在哥倫比亞大學和紐約大學客座教授中國戲劇一樣，每年他們都要我再去講，而奇怪的是我真的很受學生的歡迎，但當年我連考都不可能考得進去做學生的。

時勢造人

一九八七年是台灣前總統嚴家淦擔任中華文化推行委員會會長的倒數第二年。那年，委員會以嚴家淦的名義給了我一個海外十大傑出青年獎，還附帶有八萬新台幣的獎金。但是，我並沒有回台灣領這個獎，因為那年我請紅虹到紐約來演出，所以順便她把獎給我帶來，至於獎金嘛，我捐了給紅十字會，不過，我得這個獎卻讓我的玩伴好友海根才很吃味。他認為，他們海家班馬戲團在海外奮鬥這麼多年，應該是他得獎才是。

同年，由紐約華埠華文記者票選的第一屆「拿破崙十大傑出華人獎」也給了我，雖然這只是個酒商贊助的獎項，沒什麼多大的實質意義，但是，能夠成為第一位得獎者也是件不容易的事。更何況，第二屆的得獎者是馬友友，第三屆是林昭亮。

一九九四年，我又得到了個大出風頭的機會。那年，全球的扶輪社要在台灣開總會，透過一些關係的介紹，他們居然找了我做節目總監。於是，膽大包天的我，就從紐約飛到了台灣，找了趙怡和翁倩玉當節目主持人，節目中還安排了由嚴蘭靜主演的《霸王別姬》等，當時的李登輝總統還親臨致詞。本來，主辦單位要安排我見李登輝的，因為我對日本人沒有興趣，後來只見了他的老婆曾文惠女士。這次的經驗，可以說是我第一次，也是唯一的一次策劃全球性的活動。

這時候，我的生命中又出現了一位貴人，她就是在紐約音樂圈子中大大有名的Marie Ashdown女士。Ashdown女士本來是紐奧良地區人士，夫家是當地的船王，很有錢。她來紐約之後，成立了「音樂家救急基金會」（Musicians' Emergency Fund），自任董事長，以專款救助受困的音樂家們。因為她的許多慈善行為，使她在紐約成為一個德高望重的人物。很巧的是，她不知為何對我至為欣賞，還自掏腰包五萬美元幫我印製了我的一本畫冊叫《龍章遊戲三十年》，至今，仍感念她的善舉。

我常說，成功的要素是：「in the right time，in the right place，do the right thing，and by the right people」也就是必須天時、地利、人和等等條件都具備，才有可能成功。

在天時方面，我可以說是一個資訊不公開、不對稱時代的產物。八〇、九〇年代，林肯中心尚未對外開放，全世界各地的表演藝術家莫不視在林肯中心演出是件了不起的盛事。無巧不巧，憑著我的小聰明，我居然能夠讓林肯中心成立「亞洲最傑出藝人獎」，而且一做三十年。

獲得拿破崙十大傑出青年獎。

一九九四年擔任扶輪社節目總監，左起依序為嚴蘭靜、翁倩玉、周龍章。

如今林肯中心只要有錢就可租得到，到林肯中心演出對兩岸藝人來說已不是件難事。而且，台灣文化部已在紐約設有文化參事，而中國方面也藉由「中國電影節」的舉辦每年成功地打入林肯中心。將來，很有可能，當我退休之後，只有中國方面的人才，才有能力與資格接收我個人一手打造的地盤。

在地利方面，本書開頭即說過，紐約是屬於全世界的，任何人只要在紐約發光發熱，必然引起全世界的矚目。坦白說，我當年要不是勇敢地選擇紐約，在美國的任何一個其他城市，都不可能創出我今天的成果。這一點我倒要感謝我的二弟周美章，因為當年他在我就來了，他不在我還不敢獨闖大蘋果呢！

《木蘭詩篇》的生涯最高峰

一年一年很快地過去，在我的策劃奔走之下，一批批的兩岸傑出藝人紛紛來到紐約林肯中心領獎。但是，中國藝人在美國最輝煌的時刻，應數二〇〇五年九月十八日晚上。因為，就在這個時間點，中國的準第一夫人彭麗媛在林肯中心領取第二十四屆「亞洲最傑出藝人獎」及主演她聞名全世界的《木蘭詩篇》。不誇張地說，那一晚可能是數十年由我主辦林肯中心以來最風光的一個晚上。

光是舞台上的合唱團和舞台前的管絃樂團加起來就有兩百五十人之多，場面空前盛大。加上座無虛席的賓客之中有各國使節、中國駐美的各級大使、政要、紐約當地的華洋聞人，以及美國音樂界的耆宿群聚在林肯中心的 Alice Tully Hall，聆聽彭麗媛告別舞台的演出。那一年適逢聯合國成立六十周年，彭麗媛從Marie Ashdown女士手中領取了第二十四屆「亞洲最傑出藝人獎」，也達成了至高無上的外交上意義。而我藉著她的光環，也讓我的生涯達到巔峰。

這就是我常說的，萬般皆是命，半點不由人。我八輩子沒想過會有朝一日成為中國第一夫人演出節目的製作人。但是，天上掉下來的榮耀，有時躲都躲不過。彭麗媛的歌劇辦得很成功，但是我們主辦單位、協辦單位的人都是志願服務的，沒拿工資，不過從此聲名在外，好事傳千里，就有了中央電視台電影台跟我們合作紐約中國電影節的基礎。

Chinese Film Festival of New York的源頭當然是央視的王欣嘉導演，美華駐北京的王凱杰主任更功不可沒。但是一屆一屆辦得成功，幕後的辛苦也是可以預期到的，要再一次謝謝我的好兄弟王凱杰及王欣嘉導演。

彭麗媛在紐約的一個星期，並不是由中國大使館接送，而是由王凱杰開著我的賓士開著她和她的幾個保鑣到處跑。所以有朋友開玩笑說：你的這部破賓士已成了中國第一車，應該運回中國公開展覽。

紐約華人藝術

有些華人媒體如：台灣《壹週刊》、香港《明報》等稱我為華人藝術教父，我對這個名稱是愧不敢

策劃彭麗媛在林肯中心演出《木蘭詩篇》。

第四屆紐約中國電影節開幕主席周龍章致詞。

當。講學問我中英文都是一個字「爛」，平素不學無術，又不結黨營派，平日所為不過是替紐約華人引薦一些傑出的大小演員和藝術家，都是盡一己之力服務人群而已，哪當得起教父這個稱號？再說教父有教父的風範，光看外型，我五短身材、瘦瘦小小也不像呀！

紐約倒是有兩個人幾近教父。一個是譚盾，他已儼然成為中國大陸藝術家在紐約的大地主。他在紐約第十九街九大道口的那棟大房子，後有小花園，花園裡有小山小水小池溏。每逢天氣好，三五好友在小園子裡吃個小午餐不知有多享受，我就吃過不知道多少回，每逢有中國的知名藝術家來訪，他總會在家中開個派對來迎接或慶祝。久而久之，他已眾望所歸，成為對中國藝術家有影響力的實力派人物。我就是在他家裡認識郎朗和李雲迪的。

在台灣方面，能稱為藝術教母的應屬畫家陳張莉（Jenny）。陳張莉的先生是台灣南僑化工的老闆，家境富裕。她在蘇活區Mercer街上擁有兩間大畫室，為人熱心隨和，藝精人好，經常獨來獨往，一般台灣來紐約的年輕畫家或窮學生，都會找到她。她管吃管住，從不跟人計較，所以建立了不錯的口碑。三天二頭家裡有藝術人吃吃喝喝談古論今。人家財力夠又有心這才叫華人藝術頭頭呢！

另一個當得起紐約華人藝術教父的當屬張文藝（筆名張北海）。張北海博學多聞，能言善道，是個可以與之煮酒論英雄的對象。張文藝是張艾嘉的親叔叔，以撰寫紐約的歷史掌故、雪泥鴻爪享有文名。因為張艾嘉和羅大佑的關係，港台影視界和藝文界的人士來到紐約過去多半由他接待。八〇年代我主辦的「胡金銓電影回顧展」，胡本尊到了紐約，我就他請在張北海家裡小住，兩個都是酒仙，每天喝酒打屁，早上三、四點鐘也不肯就睡。

我要真是紐約的藝術教父就好了，可以為那些苦難的藝術工作者再多做些事，可惜我不是。我沒有條件也沒有本事，盡心盡力完成每一項目，有誰知道我的辛酸？要維持一個美華藝術協會，真是一件非常不容易的事。巧婦難為無米之炊，別人只看到我風光的一面而已，我常說，誰家沒有難事，誰人沒有委屈呀。輕舟已過萬重山，真給我做了一點事出來，算是沒浪費這一輩子，我感恩惜福。

回首來時路

一份工作做了將近四十年，總會有厭倦的時候吧？讀者不免會問。我說實話，厭倦倒是沒有，不過，我倒是慢慢覺得有點力不從心了。這怎麼說呢？第一，我已經年過六十，精神、體力已不如前。第二，這幾年美國經濟慘淡，不只市政府，連州政府和聯邦政府都拿不出錢。以前每年我們美華至少還有個十萬、八萬美元的補助款，現在全部被刪，搞得我連美華辦公室每月的房租都付不出。為了延續業務，我只好厚顏舉行募款餐會，公開向各界募款，但即便如此，所募到的款項也不過三、四萬美金，可謂杯水車薪。唉！真是尋尋覓覓，冷冷清清，淒淒慘慘戚戚，這光景，獨自怎生得黑？

不敵晚來風急，可說是我目前的光景。最主要的原因是美華是個非牟利性機構，從不以賺錢為目的，如今財源枯竭，勢必面臨倒閉。幸好，我的好友陳丹青情義相挺，讓我能夠再撐一陣子。有幾位朋友跟我說，你已經風光幾十年了，林肯中心也正式肯定你的貢獻。你應該可以退休了吧？退休？我何嘗不想？但是，哪裡去找接班人？這才是最根本的問題。以我的年紀，頂多再幹個兩、三年也就得退了，但是，要找個接班人還真的不容易。

第一，此人必須具備美國籍，而且英文不能太差。第二，此人必須熱愛藝術，並且對戲劇或其他形式的藝術有深厚的了解。第三，此人必須深獲林肯中心主管的信賴。第四，此人必須有良好的兩岸關係。熱愛藝術，中英文俱佳，辦事能力也特強，但真要接手美華藝術協會，是要有大緣分的。

「亞洲最傑出藝人獎」有二十七年都是頒給知名的表演藝術家，但自第二十八屆起，改為以「中國電影節」的形式舉辦，領獎的都是電影演員和導演。這個大幅度的轉變令我一則以喜，一則以憂。喜的是，以往要湊個三、五千人來塞滿林肯中心的劇院是件難事，改為「中國電影節」之後，很容易就讓林肯中心爆滿。而且，節目內容透過中央電視台在全中國轉播，也讓林肯中心覺得很有面子。因此，林肯中心對這樣的轉變基本上是很滿意的，或者說，並沒有感覺到絲毫的不滿意。憂的是，改為「中國電影節」之後，一些沒有什麼真正藝術造詣的演員明星也能得獎，讓這個獎的價值打了折扣。

要說中國對在林肯中心每年舉辦「中國電影節」沒有整體的戰略思考，那是不可能的。每年花費這麼多的人力、物力，而且讓港台、大陸的明星、導演同台領獎，所為何來？背後當然有統戰的目的。

周龍章扮老生。

然而，現在看，「中國電影節」的舉辦已經積重難返了。二〇一五也是美華藝術中心創辦四十週年，一定會擴大舉辦第六屆。那許多翹首企盼要領「亞洲最傑出藝人獎」的表演藝術家們只好再耐心等待下去了。問題是，像馬航失蹤班機的下落一樣，要等到何年何月呢？有沒有可能永遠等下去？

坦白說，對這個問題，我自己也沒有答案。也許，中方已考慮過這個問題，也斟酌過各方批評的意見，所以，自今年起，「亞洲最傑出藝人獎」將更名為「金蘋果獎」，以免再被別人批評說「亞洲最傑出藝人獎」只頒給中國人。我想，在不久的那一天，我的角色被完全取代，是個必然的結局。為什麼呢？因為當初「亞洲最傑出藝人獎」一共有三個創辦人：紐約市文化局長Henry Geldzahler，林肯中心社區部主任Dr. Leonard de Paur，以及美華藝術中心會長周龍章。如今，前兩位都已作古，所以，「亞洲傑出藝人獎」已由林肯中心主辦改為由美華藝術協會主辦，在林肯中心舉行，並邀請紐約市文化局長頒獎的一個獎項，它的光芒自不若以往那般閃亮。

美麗的正確

讀者看到這裡，應該對我這個人及我成長創業的過程已有相當的了解，那麼該怎麼為我這個人下一個定論呢？

我有一位不打不相識的朋友楊人凱。楊人凱本是《美洲中國時報》的記者，常跑華埠新聞。

一九八二年，郭小莊的「雅音小集」在林肯中心演出全本《白蛇傳》，由小莊本人演白蛇，曹復永演許仙。青蛇一角，本來是馬嘉玲演的，但馬臨時有事，戲又不能開天窗，就由我臨時充數上台扮演青蛇一角（我的戲癮是眾人皆知的）。豈料，楊某看完之後，居然在《美洲中國時報》發表一篇文章，標題為〈一粒老鼠屎壞了一鍋粥〉，文中將我痛批了一陣，認為我是全場演出的唯一敗筆。試想，我愛戲成痴，如何能忍受如此的污辱？於是，我就打電話向他抗議。從此，我與他之間有了較深層的來往，並且逐漸成為好友，友情一直維持至今。

楊人凱將這段經過請教台灣文化創意協會執行長黃寤蘭小姐，她毫不遲疑地說：「Alan啊，只能說他是個美麗的正確。」，「美麗的正確」？從未聽說有這個說法，美麗的錯誤倒是經常聽人講，莫非黃寤蘭有意反諷？

我是一個獨上高樓，望斷天涯路的人。對於弘揚中國戲劇和中國文化，我是衣帶漸寬終不悔，為伊消得人憔悴。或許，冥冥之中，在過去三十多年裡，紐約正需要一個像我這樣的人，愛藝術成痴，不按牌理出牌。雖出身富貴，但卻不靠家世，赤手空拳地打下了今天的一片江山。

在海峽兩岸的藝術家都在尋找一個像我這樣的人的時候，我，一個曾經考試作弊，逃學棄家，並且不畏偷渡，使用假護照的大同志，居然就適時出現在紐約這個國際城市，為發揚華人戲劇及藝術貢獻了一些微薄之力。正所謂，眾裡尋他千百度，驀然回首，那人卻在燈火闌珊處。

沒錯，這麼多年來，站在紐約舞台燈火闌珊處的就是我，是我讓紐約的華人舞台呈現出一片輝煌。

如今驀然回首話平生，自是滿紙荒唐言，一把辛酸淚。

第二部

我看人物

I SEE PEOPLE

歌手 SINGER

劉文正

LIU WEN-ZHENG

不喜歡出風頭，不喜歡做明星，
一個不小心，卻做了大明星。
最後被整個台灣逼得遠走他鄉。
大氣、高貴、厚道。

我這輩子認識很多演員，在這些演員之中，有些是非常特殊的，像劉文正，劉大頭就是非常特殊的一個例子。這麼多演員當中，劉文正和方盈都是最不喜歡出風頭，最不喜歡做明星，但一個不小心，就做了大明星。劉文正唸高中的時候，因為外型好，很會唱歌，學校有慶典就叫他去唱歌，結果一唱就轟動了，收也收不住。劉大頭本人是個好人，對什麼事情都無所謂。八〇年代的時候，他在紐約，那個時候我辦很多藝文活動，因此我們就非常接近。經過一段長時期之後，我們就成了最好的朋友。他高貴、他大方，他這種氣質，我覺得在台灣，到現在還找不出第二個。他整個人的形象就是不為名利，把名利看得很淡。

那段時間，他每一次到紐約，第一個就打電話給我，我們就約在五十街的一間酒吧見面。那時候他是在台灣最紅的，整個台灣的演藝圈有所謂的「劉文正時代」的。他的紅是沒辦法擋的。那時候他常跟我說：「人不曉得到世界上來做什麼？生也一個人來，死也一個人去。人生的喜怒哀樂，有什麼意義？」我聽他這麼說，就覺得好奇怪，好奇怪，劉大頭，你已經這麼紅了，別人想要你的百分之一而達不到，你怎麼會有這種想法呢？可見那個時候他就看破了這一套，有點想退下來了。

小妹張艾嘉到紐約來，因為找不到文正，就找到了我。她就說：「你告訴文正，我們見個面好不好？」喂，這是小妹，張艾嘉呀！她跟文正是什麼交情啊！後來我把這事告訴文正，劉文正只說了三個字：「不必了。」並不是說他得罪了小妹，也不是說張艾嘉得罪了劉文正，只是他覺得沒有必要，演藝圈的人他都不想見。其實文正也不是對張艾嘉一個人，他已經不要演藝圈的朋友了，就連羅大佑要找

文正與龍章哥倆好。

他，他也不願意見。那時劉文正唱的很多歌是大佑作的，我只好跟文正站在同一陣線上，幫他擋一些朋友。我跟他最熱絡來往的時候，是八〇年代。那時候台灣有個歌星叫鮑立，得了愛滋病死在紐約。報紙上隱隱約約地講了許多，說是台灣名歌星×××得了愛滋病死在紐約。文正看了這些新聞氣得不得了，但是他又不能出面辯駁，而且他也不屑出面。那怎麼辦呢？我們兩個商量，也沒什麼辦法，又不能去告人家。名人有名人的苦，他就這樣瘦下去了。

文正在他最紅的時候，到了紐約，他最擔心的事情是什麼呢？大家想不到的，他最擔心的是他的頭髮。他的髮質一直太弱，而且他的頭髮很薄，三十歲過後，他的頭髮掉得很厲害。所以他到處找護髮水，也找醫生看。那時候我們很熱絡，友情很好，他到紐約幾乎都是找我。有一次他告訴我說，他有個好友叫費翔，費翔想紅，但紅不起來，因為在台灣混血兒想紅不容易。他跟我說，費翔要到紐約來，先在我家住幾天，等他到了紐約再與費翔會合。我說，沒問題，只要他不怕地方小。我住在時報廣場附近，只有一房一廳、一個廚房、一個廁所和一個陽台。

過了幾天，費翔就來了。喔！費翔真高，又大，一百九都有。真糟糕，我那張小床，怎麼夠他睡呢？結果，第二天費媽媽也來了，她說，只是經過紐約幾天，也不想住旅館了，就跟我們擠一下吧。費翔一到紐約，每天都買《紐約時報》，原來他的英文要比中文好許多。他跟我不是那麼和善，但總是我的客人，他睡臥房，我就睡客廳。過了兩天，文正也來了，和費翔就睡我的臥房，我跟費媽媽就睡客廳。晚上我跟費媽媽在客廳聊天，費媽媽非常會算命，有點小名氣。但是她幫我們幾個朋友算的命，也不見得準確。文正對費翔也真的好，希望能把他帶紅，讓費翔有一席之地。後來費媽媽跟我講，他們想要到大陸發展。後來找了很多人事關係，上了春節晚會，一下子在大陸就紅了，還紅了好多年。

憑良心講，費翔內心自視甚高，不是個和顏悅色的人，不像文正這樣體諒人，知道大家都有難處。但是文正對他這麼好，有什麼辦法呢？他們住了一陣子之後，文正在曼哈頓十二街買的房子交屋了，文正和費翔就搬過去了。然而，在搬過去之前，我的朋友丹青跑到我家來找我，看見劉文正和費翔在一起，沒想到他回到中國後，在一篇文章中寫到了這件事，導致文正對我不諒解。其實，這件事誰也沒錯，丹青也不知道前因後果。

文正我說過，是個人品非常端莊、高貴，很有原則的人，我也非常懷念他。有一年我回台灣，文正帶我和他的一個朋友Michael去了一趟泰國。喔！這下子讓我大開眼界，我都不知道世界上有這樣一個天堂。我們在Pattaya、Bangkok、Pabong玩得非常開心，每天都夜夜盡歡。之後的二十五年，我每次回台灣，總會去泰國玩個三、五天。我到現在為止，還是有機會就到泰國去。我喜歡泰國的人情世故，他們人很好，個個都充滿了微笑，可以說是A Land of Smiles。而且，泰國可以看到最新式和古老的東西。

文正後來跟我慢慢遠了，他一九九一年結束了飛鷹唱片公司，他最後一次打電話來說他有個朋友叫Andy Lau，我說，大家見個面吧，可是那天晚上沒見到面。有美國的華文媒體說劉文正是房地產大亨，但據我的了解，他並不是什麼房地產大亨，他的家境不錯，自己本身也很有錢。我相信他是以才藝人士的資格申請到美國的綠卡，目前應該已是公民了。從某個角度來說，劉文正可以說是被整個台灣逼走的。台灣這麼小，文正又這麼紅，所有的眼睛都盯著他，社會規定你什麼時候交朋友，什麼時候結婚生子。如果他生活在現在的台灣，情況應該會好很多。

文正！我希望你喜樂平安，陳丹青的事我很抱歉，也許有一天，我們會再見面。我開車的時候，你的〈三月裡的小雨〉，你的〈蘭花草〉，你的〈童年〉，你的〈也許〉，總是在我的車子裡響起來，我給你的掌聲也會響起來。我們緣來緣去，也許有一天，我們都老了，我們會再續前緣。

鄧麗君

歌手 SINGER

TERESA TENG

台上是高不可攀的巨星，台下只是個苦命人。
應該還她感情世界一個公道真相。
最可惜紐約無線電城的退休演出沒能實現。

七〇年代、八〇年代、九〇年代，一直到二十一世紀，華人世界喜歡聽歌的或不喜歡聽歌的，都不可能沒聽過鄧麗君的名字，她真是個巨星中的巨星。無可否認地，鄧麗君本身真是個好女孩子。她善良、溫柔、不多話不多事，很安靜，有委屈也不會向人說，規規矩矩的做人，認認真真的演唱。我因為跟她一點小小的緣分，所以跟她有些交往。她本身是個很低調、很安靜的人，然而，她在台上與台下的表現可說完全是兩回事。

我跟她結緣是八〇年代。那時候世界公益金一百年，他們要辦一個百年的慶祝活動，請我做藝術總監，我們找到了鄧麗君。那個時候她已經是半退出舞台了，她也不太做公開的演出，大部分的時間她都住在法國或是日本。因為太出名了，不敢跟華人來往，因為到東到西每個人都盯著她。她每次來紐約，除非另有公事，不然就會來找我，而我去香港只要她在，我也會去找她。那時候她在日本真的是紅，有次她跟我說，太累了，希望以後只做個 recording artist，意思是她將減少在舞台上演出了。所以，我幫她安排的第一個華人進紐約無線電城演出，是她生平中最後的戰役。我在香港和鄧麗君簽的無線電城演出合約，當天有一兩百家媒體做見證。可惜的是約也簽了，中西百人大樂隊也請了，無線電城的場地也訂了，訂金也付了，最後她走了，觀眾的眼福、她的心願、我們主辦方的努力，最後都付之東流，多可惜呀！

鄧麗君真是個好孩子，也是個苦命人。年紀很輕的時候，不到十一、二歲，因為家庭環境的關係，就出來唱歌。那時候的訓練沒有這麼好，她唱的也不是很滋潤。後來長大了以後，愈練愈成熟，愈來愈好，她紅了，開始被人利用，也有一些男人盯著她，她也默默地承受，因為她自己根本不需要這一套。她不是個愛慕虛榮的人，吃一碗排骨麵、一客小籠包，只要同桌的對象好，她就很開心了。我記得有一次她請我們到香港仔吃海鮮，我們無憂無慮地玩得很開心，她卻吃得很簡單，在小船上，她吃點稀飯，還有，我們點什麼她就吃什麼，很不挑嘴。

現在聽起來像是個天方夜譚，不過喜歡她的人不妨想一想，鄧麗君生前是否過著很刻苦的日子？她從來沒有自己買過名牌的包包，她也穿名牌的衣服，但都是廠商贊助的。除非是她特別喜歡的設計，她是不會自己去追求名牌的，再說當年小鄧的架勢和地位又有哪一家名牌能越過她名氣呢？她不需要這些，舞台的衣服都是她自己或是專人設計的。再說當年中國也還沒「讓一部分人先富起來」，那時候也不是很流行Armani、Gucci、Prada、Chanel。她穿的衣服就是以好看、舒服、實用為原則。其實她穿什麼都好看。

鄧麗君很奇怪，在台下，她人不高，小小的一個人，可是在台上，她一穿上高跟鞋，穿上禮服，她就變成一個巨星，變成一個很高不可攀的人。

鄧麗君生前唯一的糗事發生在一九七八年。當年她因為台灣護照在國際上行走實在太不方便，一個不小心聽從了一個不好的意見，弄了一張印尼假護照。她的假護照從香港轉台灣飛日本，本來沒想拿出來用的，剛好台灣護照簽證過期了，就暫時想頂一頂過關再說，卻被發現用印尼假護照，因而在日本被關了七天，不過不是牢房，只是女拘留所。在拘留中她還為其他的人唱了〈千言萬語〉，保出來後用中南美洲貝里斯的護照飛法國，並開始在法國、日本兩處輪流居住。

當時台灣對她是不夠好的，輿論也不是很好，那段日子，一沉百踩，基本上鄧麗君的名字在台灣是慢慢往下走了，誰知道突然之間小鄧在祖國大陸大紅特紅起來，白天聽老鄧，晚上聽小鄧，家家戶戶每天晚上都是〈小城故事多〉、〈甜蜜蜜〉那還了得？台灣的軍政要人、各式媒體又把鄧麗君送回神台，視為國寶。唉！人呀人！就是這樣神仙，老虎，狗。小鄧那時期真是點滴在心頭，命呀命！

談鄧麗君，還不能不提到 Angela Mak（麥靈芝）。一年又一年，我看到她們在一起，前後有十二年之久。麥靈芝本身長得不難看，不過，她看起來整個外型像個菲律賓的粗獷男人，根本不像女孩子。麥是個強勢的女人，對鄧非常好，也非常保護她。我去香港時，不論是去香港仔吃海鮮小粥或是在五星級的四季大餐廳，只要是鄧請客，Angela 都在那裡打理一切，包括付錢。麥本身也是一個很有來頭的人，很有藝術修養的一個才女，人也很深沉低調，她是邵氏公司《連體》這部電影的導演，這部電影的主角是陳玉蓮。

鄧麗君和麥靈芝在香港赤柱有一棟好大的房子，兩人在那裡一起住了十二年。我跟麥不是太有緣分，因為我每次碰到鄧，總是跟她胡來亂鬧，而麥總是在旁邊，不大開心。有一次鄧麗君和我們在飯桌上聊得愉快，大笑起來，麥就拿著筷子朝她點一點。

Hong Kong Cinemart Report

星光

鄧麗君在紐約出現
周龍章充護花使者

已有七年沒在紐約演唱的鄧麗君，應國際公益金邀請，明年九月十二日在「無線電城」演唱一場。負責人周龍章特專程抵港，與她洽商及簽訂演出合約，她倆會見記者時稱，周龍章是鄧麗君在紐約的護花使者。

非常懷念的鄧麗君。

攝於鄧麗君來港。

鄧麗君也交過幾個男朋友，也許都讓她灰心和失望。唯一的一次訂婚是在一九八一年，她與香格里拉集團老闆郭鶴年的兒子郭孔丞訂婚，香港的豪門是很煩人的，自以為是的規矩又多，後因郭家老祖母要求她退出演藝圈，也要她斷絕和圈內好友的來往，讓她無法承受壓力而退婚。台灣當局，因為鄧麗君在大陸受到瘋狂熱愛的關係，對小鄧是特別禮遇。基本上小鄧愛台灣，但對台灣不能不說是有某種程度上的失望。還有一點就是鄧麗君看不慣台灣或香港電影圈那種虛無飄渺、勾心鬥角，然後暗器傷人，不擇手段往上爬的作風。這讓她覺得無聊及可笑。因此一九九〇年後鄧基本上定居法國，三兩個月也飛日本錄錄音出張CD。直到她準備在紐約無線電線城做正式告退演出，但卻在第二年死在泰國。

像鄧麗君這麼紅，億萬的人都崇拜她，愛護她，要聽她的歌。結果呢？結果她最後在泰國的清邁，在一家旅館裡，叫天不應，叫地無門，一個人死掉了。這對人生來說是不是個天大的玩笑？

還有些可怕的事情，一個人要是往生了，我們對他都應該要有基本的尊敬和重視。可是鄧麗君在清邁過世了，記者知道她已經走了，趕到現場，每個記者只要付五塊錢美金，都可以跑到太平間去，把鄧麗君頭上的白布掀起來拍照。這對鄧麗君又是一件多麼可怕及不公平的事情？真是一個苦命的女孩子，才四十出頭，就這樣與世長辭了。

至於有些人或媒體，把一個小她十五、六歲的什麼Paul保羅．史帝文，只幫她拍拍照片的人包裝成她的男朋友，或是好多各式各樣大小明星爭先恐後地說，我追過鄧麗君，又或是像某個大哥大明星誇口說鄧麗君追過他等等，這對往生者都真是莫大的侮辱。她生前就是不聲不響，委屈求全的一個人，往生後還要被別人消費、被別人擺布出各種各樣其實不是她的形象，情何以堪？

鄧麗君死後，麥靈芝等於被世界除名了，整個人就從人間消失了。麥把她們住的房子還給鄧家。那棟別墅很值錢的，她什麼都不要，就消失了。我相信她現在一定在世界上的某個地方，還在懷念鄧麗君。

我也在懷念鄧麗君。記得有一次在香港，我和她還有羅大佑一起進一家夜總會，台上有一隊菲律賓樂隊在表演。他們都認識鄧麗君，一看到她眼都直了。沒一會兒，除了打鼓的起不了身之外，三個歌手、琴手都從台上走下來，來到我們桌旁唱起〈月亮代表我的心〉。他們又要鄧麗君接著唱，那天她開心，就她唱一句，然後叫羅大佑唱一句，再我唱一句，我們三個人輪流唱起來。一下子，這一切都過去了，是非成敗轉頭空呀！我愛小鄧，我愛鄧麗君。這樣也好，上帝身旁多了一個天使！

導演 DIRECTOR

李安

ANG LEE

他的世界就是電影及家庭，與世無爭，
一個不小心變成台灣國寶中的國寶，
是當今地球村的稀有動物。

有多少人寫李安，我也不可能再寫出個不一樣的李導來。但既然相識了三十年，又大家一直在紐約，就信口胡言隨便聊聊我們的國寶吧。

世界上真的是有天使的。當Ang在校園裡遇到Jane（李安的妻子林惠嘉）的那一刻，李導是真的遇到天使了，一輩子的守護神給他遇到了，相護相守，世界上的榮華富貴都是次要，這才是真真實實的人生。Jane是一個絕頂智慧的女人，李安那麼紅，但你看Jane把他們的家保持得多好，把兩個孩子石頭和阿貓教養得多好，真不容易呀。李安就是愛電影，成功失敗電影都是他的夢，跟名利沒有關係的，年輕的時候他怎麼會想到，拍拍電影會變成台灣的國寶呢！中國人普遍就是喜歡捧有國際認證的名人，有了奧斯卡這樣的國際認證那還了得，所以我們本本分分、忠忠厚厚的李大導就變成國寶中的國寶了。

李安呢，憑良心講，內心他是對我印象很好的，in a way，我知道他也蠻喜歡我這種性格，可以實實在在交朋友的那種，而且他也知道我沒有殺傷力，這一點我是點滴在心頭，我跟他沒有太多的合作，因為他有他的工作，我有我的工作。

我跟他認識有三十年了，那時，他拍第一部戲《推手》，大家都知道是小成本但非常辛苦的。第二部戲是《囍宴》，我雖然沒有進入劇組，但是我私下跟金素梅有這麼一點緣分。她每天拍完戲收了工，沒有團隊時，不喜歡敷衍那些大老闆，就是喜歡跟我們一群小兄弟在一起吃喝玩樂。金素梅在戲裡有許多打電話的鏡頭是需要講上海話的，所以，我每天教她講上海話。金素梅是個絕頂聰明的人，但我必須說，她的上海話說得實在不道地。金素梅那時跟我幾乎每天見面，她是個酒仙，每天都喝得醉醺醺地，但非常性感，所以跟我在一起最安全。哈哈。這些小事我們的金委員應該不記得了吧！

我跟李安的交情一直很淡的。他需要我的時候，我是高高興興的隨傳隨到，如他交代些什麼，我也一定忠忠實實的完成，但我自己是絕不主動找他，反而三不五時找Jane聊天、寫email。我也知道忙人中的忙人李安，要找也是不容易找到的，連他的分身李良山也是一個頭兩個大，忙得不得了，李安本身除了工作，跟其他人，多半也是很淡的吧。基本上他是一個非常家庭又獨善其身的君子人，那麼我們就君子之交淡如水了三十年。

最近譚盾在微博上講到李安，說他跟李安是老朋友，其實都是in the right place，in the right time，剛好有這樣一個機會，譚盾為他作了《臥虎藏龍》的主題曲，李安那時沒有什麼預算，所以譚盾是半賣半送的。剛好奧斯卡獎的時候，Sony Classic要捧李安，因為他們覺得李安有潛力，就像他們過去捧傅聰、馬友友、林昭亮一樣。因為要捧李安，所以連帶地捧《臥虎藏龍》，甚至連帶地也讓《臥虎藏龍》得了最佳作曲獎、最佳藝術指導獎和最佳攝影獎。其實，《臥虎藏龍》劇中的服裝設計跟一般的武俠片電視劇有什麼大的不同？可是，葉錦添就因為得了奧斯卡最佳服裝獎而一步登天了。依我看，全世界的獎項都是這麼回事，要捧你的時候就捧你。

譚盾的太太跟我說，譚盾替《臥虎藏龍》作曲是沒拿什麼錢的，譚盾是看李安的面子大家哥們兒幫

右起：周龍章當時的小男友、李安、金素梅、周龍章。

中為金素梅，右為歸亞蕾。

幫忙。沒想到居然迸出這麼大的一個寶。依我看，譚盾的音樂是世界級一流的，但在《臥虎藏龍》中的音樂其實很普通，也跟他所有其他的音樂非常不同，可是，該輪到他得獎時他就是想跑也跑不掉。譚盾可說是人精中的人精，有了奧斯卡的光環他會不善加利用嗎？其他跟他同輩或比他好的中國音樂家都是乾著急，沒辦法。但譚盾是一個知恩圖報的人，雖然他跟他的老師周文中有些藝術理念上不同的意見，但他還是奔走各方聯絡各音樂家們替周文中老師做九十大壽。

李安早期的電影都是靠眾家兄弟幫忙完成拍攝的，後來他一步一步穩住了腳步，然後拍了《飲食男女》。《飲食男女》的後製都是在紐約做的，那時張艾嘉、歸亞蕾都到了紐約。拍戲是很累的，李安有一次在電子郵件中跟我說，他所承受的各種壓力，大到出乎一般人的想像。他是個非常注重細節的人，像《色戒》中王力宏要刺死武師的那場戲，就不知NG了多少次。你看「大鼻」成龍和「三毛」洪金寶這幾年都需要睡硬板床，平常的軟床不能睡，就知道拍戲有多累人了，什麼名利沒有天上落下來，都要付出代價的。

李導拍的《綠巨人》和《胡士托風波》都不算太成功，但是很少人談這個。但他拍《臥虎藏龍》大發，每個人都捧他，說他是台灣，甚至是全華人電影之光。他五十歲的時候，在紐約五糧液餐廳慶祝，一共只有兩桌半，居然有我的份，我也被邀參加。

李安拍完《斷背山》之後，毛片一出來，他的分身李良山就打電話給我，說是李導演要你來看毛片。第二天我又接到李導來電，我在電話中跟他談了二十多分鐘。我說，也許是我的英文不夠好，看不懂你電影中有些細膩的地方。但是，我覺得我本身做為一個同志，不太認同你在電影中對同志戀的描述。首先，在酒吧中同志與同志的對望的眼光就不是電影中所描述的那樣。其二，同志間的生死戀，不是那麼簡單的，電影中所呈現的基礎不過是在山上牧牧羊，發生一次關係而已，嚴格來說是不夠的。當然除了我之外，李安又綜合了其他人給他的意見，重新剪了六次，才把電影完成。

好多人在微博上問我，李安是不是同志？我認識李安三十幾年，我想不會吧。他對老婆林惠嘉那麼好，兩個孩子又那麼乖，怎麼可能是同志呢？不過，像他這麼投入在藝術中又這麼乖巧的人，多少不免讓人感到有點娘味。

《臥虎藏龍》劇本出來的時候，因為整個劇情的發展重心是「劍」，劍是很深的一種兵器，劍有劍道，李安想找三代影后，第一代是鄭佩佩，第二代是楊紫瓊，第三代章子怡。他去找佩佩演碧眼狐狸，佩佩就問他說：「你認不認識周龍章啊？」李安說：「我當然認識。」佩佩說：「那你快去找周龍章，因他知道東南亞第一劍在那裡。」佩佩指的是呂國銓老先生，九十多歲了，他那時在華埠太極拳協會當個師傅。他當然不知道什麼王安李安的，我就跟他解釋是怎麼回事，老先生就說：「好啊！來啊！我來跟他講講劍道是怎麼回事。」

我怎麼認識呂國銓的呢？因為在邵氏的那段歲月我拍《女兒國》演齊天大聖，邵氏要呂國銓訓練

與李安導演在紐約合影。

PALM SIZE BOXES
THE
ARTS
OF
ALAN

我的武術，所以當年我就每天清晨和呂師父練棍練武。我把呂老師傅找到我們456辦公室，讓他一招一式地展練他的劍術、劍神，而李安就請李良山把全部過程拍下來，我們也不過請他去Holiday Inn吃一頓飯，並送他一盒巧克力做為答謝。那年頭錢算什麼？不談不談！

不幸的是，過了沒多久，老先生就過世了。他的屍體還沒化妝，只是包在麻布袋裡，佩佩剛好有個緣分來到紐約，她一向視呂國銓為恩師，我帶她到五福殯儀館去瞻仰遺容，但殯儀館不讓看，說是還沒化妝不讓看。好說歹說的，殯儀館終於看著我的面子破了例，讓佩佩和我送了呂師傅最後一程。那時，我打了電話給李安，說是呂老師傅過去了，李導二話不說，就讓我替他訂了兩個花圈，讓老先生在華埠身後也有個面子。

李安每一次拍完新片，只要是在紐約看試片，他一定會找我，這一點我非常感謝。《色戒》出書的時候及電影上演的時候，他把我的名字和賴聲川等等擺在一起道謝，說起來我真是何德何能，對於這我也點滴在心（雖然他把我的英文名字Alan給拼錯了）。我個人或美華協會最困難的時候，我始終謹守分寸，沒去找過李導幫忙，有一次在電話上我跟李導說美國經濟差了，美華也比以前更難了，導演在電話上一再要我撐著撐著，北美華人文化不能沒有你。好吧！有李導這句話，我就撐著吧。

李安這幾年非常操勞，你看！他比我小好幾歲，但看得出他老了許多。台灣把李安當個寶，把李安的成就用放大鏡放大，同時又把李安的缺點視而不見，這方面有點像是林書豪現象。憑良心講，只要常看ＮＢＡ的，都應知道我們林少爺實在不是最好的，但林書豪只要十場球中打了一場好球，就一定被台灣的媒體大肆報導，了不起的籃球天才，反之，他若是久投不進或是犯錯連連，台灣媒體則多半視若無睹，這也是台灣媒體偏頗的地方。

以前有個謠言傳說金素梅和李安如何如何，我認為這是完全無稽的說法，可笑之至！金素梅很漂亮、聰明是事實，風騷入骨也是事實，又很會發嗲，可是，她一向喜歡帥哥，如何家勁、李鴻源等，李安不是她的茶。對女人我們的李國寶很把持得住呢。這輩子要李導另交女朋友，就好像要李導開部戲請周龍章演，門兒都沒有，哈哈！

李安兒子的第一次演出。

李安夫人不折不扣是我的最愛。

陳丹青繪。

舞蹈家 DANCER

林懷民

LIN HUAI-MIN

自己手上就有支筆，
又有整個家族的配合，得天獨厚，
也努力了一輩子看盡天涯，
在台灣是神仙台上的人物。

老林我認識有四十多年了，那時他在紐約，我也在紐約。我們都在瑪莎葛蘭姆學跳舞，雖然我們上課的方式不同。我是買票上的，每個小時七塊美金，我每次一買就是十個鐘頭。後來我因為事情太多，就做了逃兵。我跟他經常在演出的場合會碰到，如有一回我們在Pace Downtown Theatre表演，我在前半場跳拂塵舞，他在下半場跳他自編的現代舞《莊子試妻》。那時候，我們都是身材很好的帥哥，渾身都是肌肉。而且，我們都喜歡拍有點自戀的裸照，至今，我仍保有他的一套裸照，是他在海灘上拍的。當然，他不只給了我，也給了其他人。

我跟老林可說是君子之交淡如水，非常和平、非常好。我也知道他一路走來的辛酸苦辣、喜怒哀樂。這些年來，他也介紹好多人給我，像朱宗慶，我請朱老師到林肯中心演出，後來又到林肯中心的Out of Door Festival演出。還有九天技藝團也是老林介紹的。老林在台灣是德高望重的一號人物，等於是舞蹈界的教父，但是老林也真的很辛苦。你想，老林現在是什麼年紀了，最少也有七字頭了吧，雲門大大小小的事還是要靠他拍板決定。

有一次，他帶了二十幾個團員到布魯克林區的BAM（Brooklyn Academy Of Music）演出一整個晚上，那次周美青也去了。雖然老林本身不用演出，但是他得前前後後照應著。雲門一年到頭到處在全世界演出，你以為那麼簡單啊？到了那邊之後，人家只認識一個林懷民啊！大小的事情一定要林懷民出面的，是不是？團員出國當然高高興興，該演出的演出，該練舞的練舞，老林可是千頭萬緒，什麼事都找他的。

那一次他在布魯克林演出，到了半夜一點鐘的時候，他打電話給我說他就在我樓下。我說，怎麼這麼晚了還來找我？他說，沒辦法，事情才剛辦完。於是我把他接到我家裡。他一進我家就累倒在沙發上，那股憔悴的神情，真是無法形容，彷彿連說話的力氣都沒有了。這是為什麼呢？你想想，他演出完之後還有Reception，而且是每到一個地方就有一個Reception，他得跟一些莫名其妙、自以為是當地的大人物或是自詡為藝術愛好者的人周旋。這些人每個都要跟他拍照、寒暄，然後，他回到旅館，當天演出的大大小小的事情都要找他。雖然雲門舞集有經理和管事，但最終還是要找老林的啊！

幾十年來為台灣，老林就是這樣無怨無悔地付出，但是很多人不高興老林。為什麼呢？因為，他們說台灣的舞蹈界等於被老林一個人霸佔了。甚至有人認為台灣藝術界百分之七十五的預算都給了老林一個人，用來供養雲門舞集，後來還出來個羅曼菲的雲門舞集二。但你要知道，天下是沒有白吃的午餐的。老林這幾十年在全世界，為台灣這兩個字付出多少啊，這是大家都看得到的。再說，台灣這麼小的一個地方，能夠弄出個林懷民，也是不容易的事。為什麼好多團體在台灣就出不來呢？當然是老林有他的一手。這就像是這麼多人在拍電影，弄來弄去就是李安一個人是同一個道理。

右起：周龍章、紐約市文化局局長、林懷民。

周龍章、林懷民合影留念。

作家 AUTHOR

白先勇

BAI XIAN-YONG

鉛華落盡看風塵，百年一出的人物，
對任何人都友善可親的聖誕老人。
求仁得仁，真正的文學大家。
一個叫人愛戴的長者。

現在白先勇可是神台上的神仙呀！尤其是在台灣更不得了，坐著不需要動，每天就有信徒來朝拜，國之珍寶呀！台灣的國寶多，但白老師可是貨真價實不花不假真正的君子人，台灣有太多靠劣質的媒體炒作出來的伶人、球星、藝術家，可是我們的白先勇老師不是，我們這一代只要是從台灣來的，尤其是同志，大約沒有人沒看過電影、電視及舞台版的《孽子》吧？先勇老師寫這小說的時候應該是三十歲左右，卻也是華人最看低同志的黑暗時代，一個個同志苦呀！被罵屁精，被罵變態，被罵人妖，就像聖經裡的「猶大」，人人可罵，理所當然的人人可打，猶大的罪是出賣了耶穌，我們又做錯了什麼呢？床笫間最私人的人權又得罪了誰呢？誰又需要誰批准呢？但《孽子》文學巨作問世了，白老師的勇氣和手上的功力使整個台灣的 gay culture（同志文化）展開了劃時代新的一頁。

先勇家世好、人好、層次高，永遠的平易近人，永遠笑咪咪、和和氣氣的。他身分地位那麼高，但絕沒有大頭病，這方面我覺得先勇很像馬友友，跟任何人相處都能使人如沐春風，讓人舒服極了。十幾年前（二〇〇一）紐約的華美協進社和我們的美華藝術協會聯合主辦了白先勇紐約哥大行的一場演講，白老師在台上風采逼人，活生生一個玉樹臨風的賈寶玉，迷倒了在場五百多位海峽兩岸的青年學子，當晚的慶功宴上白老師和我英雄識英雄，我們都立志要做一個正派的同志，共同的興趣是我們都深愛中華戲劇，不需要嫁給戲劇，但是一輩子的獻身奉獻。

沒多久先勇就進軍崑劇「青春版《牡丹亭》」了，真是來勢洶洶，以白老師的人際宣傳功力，南征北戰光全美各大學已經超過了兩百五十場的演出紀錄，三兩下就造就了俞玖林、沈豐英兩顆當今的崑劇明星。白老師你好嘢！一個小小的沈豐英經過白教授的打造，及全國最優秀崑劇老師們的調教，不折不扣沈豐英已是另一個張繼青，另一個梁谷音，另一個華文漪了，只是小沈老師因為比他們更年輕，扮相更青衣，嗓音更水亮，這又是白老師的功德一件，更是小沈老師的福氣和跟白老師的緣分。

記得我們一組人特從紐約飛到洛杉磯觀看演出，當晚演出圓滿謝幕後，白老師好High，高興得不得了，抓住我的手，說是他又一個夢想的實現，集文學、音樂、舞蹈、戲劇、美術於一體的崑劇是他的最愛，當然每一場演出不可能盡善盡美，但是先勇和整個團隊總在不停的進步中，你想以白老師坐七望八的這把年紀，不是為愛崑劇愛中華劇藝，難道他還想求名求利嗎？但是白先勇老師和李安導演的形象太高大，也就會造成一個現象：任何東西到他們手中都會「私有化」，《牡丹亭》是湯顯祖四百年前的作品，又是一齣骨子老戲，從慈禧太后看《牡丹亭》，到現在春節聯歡晚會習近平看《遊園驚夢》，演出不下百年，何止數千場？怎麼到我們這一代就變成白先勇的《牡丹亭》了呢？大概這也是包裝的需要，容易行銷吧！其他的一切都不重要，幸好他們二位都不演戲，不然的話其他的人可怎麼活呀！

和老林、李導一樣，我和先勇的互動也是君子之交淡如水，要我的時候我隨傳隨到，不需要我的時候大家放在心裡，絕不互相打擾。打從心裡我是非常崇拜先勇這樣的君子人，現在這樣的人已經很少了。看他的身子骨是這麼的健健康康，大約活一百歲不成問題吧。先勇，我愛你，多通電郵報平安，不要忘了我喔！

白先勇老師與周龍章在紐約合影。

偶戲表演家 PERFORMER

李天祿

LI TIAN-LU

可愛可敬好玩的一個小老頭，
因為時代對了，一個不小心，
也變成了台灣的一個國寶。
對阿公來講，
侯孝賢是造星者第一功臣。

華人都喜歡被國際認證，任何東西一在國外得了個好評或者分到一個什麼獎那可不得了，至少可以在行內好好的吃上幾年。李天祿大家都叫他阿公，我也叫他「阿公」。他人又矮、又小，實在不是一個很起眼的人物，但是，他為人極其幽默，好玩，實實在在，事實上他是一個可愛又可敬的民俗藝術家，也是一個苦出身的藝人。

李天祿也是憑著天時地利人和而竄起來的。當然，他的成功多半要感謝導演侯孝賢。那幾年侯導本人在台灣也特紅，又在威尼斯影展上得了大獎，沒有侯孝賢的《戲夢人生》等這幾部電影和國際的獎項，李老師怎麼可能被認為是台灣的國寶呢。因為他是台灣的本土國寶，所以有許多人推舉我們美華給他一個「終身藝術成就獎」。為了慎重其事，收集好了資料影帶，我就親自到台灣造訪他，跟他談領獎及來紐約演出的事。一般而言，一個木偶戲大師是不大容易來紐約領獎的。然而，為了他，我等於是做了一次破格的決定，但這個決定在某一層意義上也更加肯定美華藝術協會這個金獎的全面性價值。

我去拜訪李天祿的那天，是老先生最火最紅的時候，哇！一共跟了有五、六個記者跟著我一起去。李天祿已經穿好了衣服在家裡等我，李老師一開門攝影機拍拍拍，此起彼落弄得我都有點飄飄然了，這情形只有當年我去請顧正秋來紐約的時候有過一次，李天祿說，他有個法國學生在紐約，所以紐約他不是第一次去，前幾次去看他學生並指導演出。我說，那個法國女人我也認識，而且她和我平常都是個平劇迷，非常喜歡唱國劇。

與阿公李天祿合影，李天祿送周龍章一套布袋戲偶。

李天祿大師與葉青餐敘合影。

北美學園民歌歌王周興立，與李天祿及周龍章。

沒想到，李天祿這個小老頭居然用一口台灣國語說：「我也束（是）喔！」為了證明他所言是真，當著一群記者的面，他當場就跟我合唱《蕭何月下追韓信》。我以前請過多少戲劇藝人，但與領獎者第一次接觸就對戲這還是頭一遭。所以，不只是我，連在場的許多人都看傻了。我們倆指手劃腳連唱帶做地唱了一大段，他雖然沒有京片子，但唱得還不錯，有板有眼，說明他是真的喜歡這個東西。這次的合唱也是我人生中一次非常難忘的經驗。李老師本人「真」，也可愛極了，不亢不卑、不慍不火、風輕雲淡、坦坦蕩蕩。聽李大師講話或表現一件事，他的手勢及身體語言自有一種魅力，別人要學也學不上來，是天生的。

李天祿是在台灣趙明普教授的陪同下到紐約。領獎的晚上，他當著紐約文化局長的面用了兩個木偶表演了一段。坦白說，大陸福建省如泉州的木偶劇團的功夫，不見得比李天祿差，但就因為李天祿代表本土的台灣，在台灣備受兩岸對立，在國際上被打壓的時代，他的出現、他的形象、他的可親可愛，就等同於愛台灣一樣是被許多人肯定著、熱愛著。

趙明普教授也是個怪老頭，是個熱心分子，專長於中國文化的論述，尤其是戲劇方面。過去二、三十年來，他曾三次陪同台灣的藝人來紐約領獎，也曾推薦一些大陸地方戲的傑出藝人給我。有事沒事，他總是會三不五時主動跟我聯繫，探詢我的近況。

李天祿領完獎後從紐約返台北，到了機場華航櫃台，不得了了，所有的空姐和少爺一看到他，就簇擁著他不住地叫阿公，還幫他升到頭等艙。由此一端，就可看出他平素做人的成功了。

臨走阿公還特地送給我兩隻他珍藏多年的木偶做為紀念，至今我仍珍若拱璧。後來有一次我回台灣，他要在海霸王請我吃飯，並特地請侯孝賢導演做陪，可惜因為一些原因我沒去成，一直讓我引以為憾。

當然一切都要過去，會過去的，李老師一生沒有白活，留下這麼多的懷念，一個各方面都普通的老頭，就因為生對時間，變成了一個最不普通的長者，替台灣的天空留下了一道七色的彩虹，李老師我想你呀。

賴聲川

劇場導演 DIRECTOR

LAI SHENG-CHUANG

有才有能，
台灣可以上國際舞台的人才。
如果對某些事情再少一點回應，
會更好。

賴聲川老師我是二十幾年前認識的，他的人品、學識、儀態都是我的偶像。那時候胡茵夢還在紐約上表演學校，胡是丁乃竺的閨密，她們同是密宗佛教的信徒，所以胡就與賴聲川、丁乃竺等一共四個人到我的辦公室見我。丁乃竺說明來意，是要我能夠引進《那一夜，我們說相聲》及《暗戀桃花源》兩部戲來紐約，讓表演工作坊能夠踏上國際舞台。

要知道，八〇年代那時候還沒有文建會，更沒有文化部。要引進美國國外的華人表演團體到紐約來，主要是要靠美華藝術協會這種機構來運作。如朱宗慶的打擊樂團，在林懷民介紹給我之後，就是我把他推薦給林肯中心演出的。當然，演出團體本身要有實力，因為我們美華是不賺你們錢的，你們要負責自己的開銷。基本上，美華會出具一份邀請函，安排劇場、宣傳、票務、接送，受邀的團體可以憑這份邀請函在台灣募款。首先就是向文建會申請經費。

表坊來了紐約之後，當然屏風的李國修電話也來了，說是他有個戲叫《救國株式會社》，演出人員只有六個，很適合在紐約演出。這就像徐露，到了紐約之後，魏海敏自然也想更上一層樓，又說楊麗花大姐到了紐約，我們葉青妹妹當然電話也就到了，都想踏上紐約這個國際舞台出人頭地是同一個道理。

有一個時期，台灣在洛克斐勒中心附近，花了好多錢，弄了一個台北劇場，整個劇場只有兩百多個位子，以為是用藝術包裝來做國民外交，所以台灣經常派出幾十個人的團體來台北劇場演出。但是，即便是只有兩百多位位子，許多表演還是要靠送票才能滿座。因為經費支出太大，所以，搞了沒多久，台北劇場就關掉了。那時，新聞局派駐紐約的代表王曉祥就來找我，要我負責當地的節目。因為，台灣是不可能一年三百六十五天都派團來表演的。所以我每一年平均在台北劇場安排八檔節目，什麼李寶春啦、魏海敏啦、紅虹啦、王海波啦，都是美華安排的，每人演出一星期。

我覺得賴聲川這個人不管真的假的，總是很低調、很有禮貌、也很有學問，層次也高，是一個台灣劇場的知識分子，我請他做了幾個演說示範，他一口流利的英文，真是沒話講，一點也不輸給ABC王力宏。還有，就是他為人很謙虛，本來我跟他講好要他來紐約領獎的，他也很樂意，但後來他事忙就沒再談下去了。

二〇一一年間，譚盾打個電話給我，說是這事要我保密的，譚盾我愛他，他的電話一到絕對有好事，原來他又有新點子，說是要跟台灣某一個導演，合作在百老匯推出一齣音樂歌舞劇，叫《李小龍的故事》（The Story of Bruce Lee）。後來，我們在一起開會，劇本也出來了，到現場一看，原來這位導演就是賴聲川老師。

《李小龍的世界》要是做成的話，那可是第一次有華人在百老匯製作歌舞劇，是件了不起的事情。譚盾找我參加賴聲川的團隊，主要是要我找幾個可以演李小龍這主角和旁邊翻跟斗出出進進的大小武生，那這類人物我可有的是，沒多久我就把紐約現今最好的武生李慶鳳、宋小君就全給找了去，當場表演功夫給賴聲川和製作人團隊看。這些人才一亮相就把他們全給鎮住了，在紐約，現在有一大批中國的武生、武旦。這些人一身功夫，但多半不紅，在大陸人才太多沒機會，所以跑來紐約，平常就是在打工、做按摩，為人剪指甲等。有機會上百老匯演出，他們會不極力爭取嗎？

我就住在百老匯，跟百老匯也有點淵源。百老匯是個很複雜的社會，商機無限，幾十年就是被猶太人和黑道控制。一年有六十個音樂劇在百老匯上演，而籌備中的歌舞劇更是遠超過此數。籌備中的戲，能上演就算運氣的了，如能持續上演那更是十不得一。我希望《李小龍的故事》真能夠上演成功，那我也與有榮焉。

但是看起來到也不是那麼容易的一件事，哲倫的《Kung Fu》一劇就是在外百老匯上演，是英文話劇版，也以李小龍的故事為本，上演以來反應中上，所以更增加了歌舞劇版本集資的難度。多數是不了了之了吧！

賴聲川是專業的，科班的，人也深沉，大小有是非的事都丟給丁乃竺，賴夫人也來者不俱心肝情願為夫君打前鋒，是一對絕配。

那天譚盾找我和賴聲川夫婦開完會之後，我們在下面吃日本菜。丁乃竺就跟我抱怨了很多。她說，她們扒心扒肺地為把《夢想家》做出來了，幫了馬英九很多忙，結果反而民進黨盯著他們開罵，他們想開記者會，想做一些正面的回應，但是馬英九的團隊卻叫他們Hold住，說是競選正在關鍵的時候，一點錯也不能出。這件事讓他們覺得好委屈。

坦白說，我對這件事略有一點意見。你總不能說你一點錯都沒有吧？一個只演兩次的舞台劇居然要花上兩億台幣，導演費就幾千萬，被人家說話是不免的。所以聽了人家罵你，就口口聲聲地說，就說你們這麼虧欠我，從今以後，我再也不會為你們政府做任何事了，我覺得倒實在不必。

再看看吧！無事忙中老，空裡有哭笑！善哉善哉。

賴聲川造訪 456 畫廊。

舞台劇表演藝術家 PERFORMER

李國修

LI GUO-XIU

自身的努力，
上進、辛苦、經營，
在加上媒體的配合，市場的需要，
成為台灣劇場天王。

國修，一個戲痴，一個好人，一個為舞台生為舞台死的人。

國修的屏風表演班，八〇年代在我們美華藝協的安排下來過紐約三次，跟我客客氣氣都是工作上的互動，私下沒什麼來往，一次是來領獎，那次我特給他開了一個記者會，他可樂了，穿上了迷彩衣，頭上還五顏六色染了多種顏色，吹了一個青年人跳街舞的髮型，一副已得天下的樣子，另外兩次是他與他的妻子王月帶著屏風表演班來紐約演出什麼《愛國株式會社》等戲。和賴聲川的表演工作坊一樣，屏風來紐約演出我們也只負責行政、戲院子、接待、公關和票房。八〇年代駐紐約還沒有台灣的文建會和文化部的單位，所以國修這一類的劇團來美國鍍金多數是我們美華藝術協會一把抓。

那年代台灣有的是錢，幹文藝工作的爭先恐後要來美國演出，尤其是到紐約這塊寶地，但觀眾百分之九十九是華人，其實國修的觀眾都以台灣來的新移民為主，他的東西中國內地的觀眾也不多，兩岸的文化層次也不同，就算有大陸來的觀眾，他們也不會明白國修的東西為什麼會在寶島那麼火，人家那邊有北京藝人，演員往台上一站個個是科班出身的。演出的全部費用都由屏風他們自行負責，但所有的門票收入也全歸他們，我們美華是分文不取。坦白說，票房賣得並不理想，大陸觀眾是不會吃他這一套的，表坊的票房要比屏風賣得好些。但主要的也都是靠送票，能把場子坐滿你高興我高興，大面上亮得過去，出品轉內銷，回台灣有面子，那就都要看主辦單位的功力了，我們一向操作得好，所以人人都來找我們。

一九九四年國修得獎的晚上，盧燕也得了「終身藝術成就獎」。那天晚上有兩個演出，一個是李國修自己表演，佔了半個鐘頭，他演了六個角色。另外就是筱翠花的傳人秦雪玲，資深言派老生賈鳳西演出的《烏龍院殺惜》，秦老師是梅葆玖推薦我認識的。戲可真好，在台上秦老師可太會來事啦！秦雪玲老師《坐樓殺惜》。可真是與眾不同，第一她扮相就漂亮，嗓子又好，水亮水亮的，本人矮矮小小普普通通一上了裝就光芒四射，她踩著六吋的硬蹺，一步一步逼著宋江寫休書，真是一絕。

國修長得當然不英俊，個頭和我差不多高，但他要爭強不服氣表演欲很強，也相當有才華。他的太太王月對他是崇拜得不得了。我相信他帶幾十個人到紐約來演出，在帳面上一定要虧許多，也不知道他怎麼張羅過來的。從此，可以看出他輸人不輸陣的性格，他就是要跟表演工作坊爭一口氣，要跟賴大師比風頭。國修成了一代宗師。他來紐約領獎及演出，在他的生平舞台生涯之中當然是件大事。的確，在歷屆一百多個得獎者之中，能編、能導、兼之能演的也就數他一個，也是國修苦出身，人品好，性也忠厚，是非成敗轉頭空，國修也走了，頭沒了，他走了班子遲早要散的，慢慢的觀眾也忘了，都是曾經有過的鏡花水月。對於國修我是懷念他的。國修一路走好。

李國修來紐約領獎時合影留念。

作家 AUTHOR

龍應台

LONG YING-TAI

她這種人很瀟脫，
像我這個不跟她找麻煩，
沒有殺傷力的，
又是個老同志，
很容易跟她交朋友。

我們這個年代，只要喜歡點文學、看看書的，有誰沒有看《野火集》呢？

認識龍應台是在香港，她在香港教書，我到香港渡假，香港的酒店太貴了，想省點錢，也就大佑收留我，住在羅大少家裡。有天大佑的太太伊琳告訴我說，今天晚上龍應台要來。龍應台那時正因為《大江大海一九四九》聲名大噪，最紅的時候，我就說好好好。

那天我跟朋友在尖沙咀玩，故意晚一點回大佑家，這麼大一個名人在家我還是識相一點好，在有大學問人的面前我是永遠的自卑及後悔「書到用時方恨少」，等他們的局散了再回去，和朋友混，拖到九、十點鐘，我想他們應該吃完飯了，才回大佑家。一開門發現他們還在聊天，說是在等我。很高興認識了龍應台妹妹，那天晚上我們還在大佑的小後花園唱唱歌、聊聊天，天南地北的，我和依琳兩個在旁邊做乖寶寶不多出聲、做聽眾，一個晚上下來真在兩人面前學到的不少東西，比聽龍應台的課，聽大佑的座談會更受益呢！大家相處得很好。我覺得龍應台這個人真漂亮還很有女人味，說話的聲音也好聽，暖暖的，很善解人意，總之我們第一次見面互相印象很不錯。我不學無術當然不在她一個層次上，但心裡真心的叫一句「我愛龍應台」。

來年《紐約世界日報》請龍應台到林肯中心來做個演講，她居然給了我一封電子郵件，說，她想跟我見面，要我陪她，還說她一定要去「盤絲洞」。龍應台本身是可以炒作的，那幾天世界日報在炒作她，每天都是她的消息，她的讀者都在找她。她到的那天，我就到她的旅館找她。她說她剛下機，頭昏

周龍章和龍應台於羅大佑香港家中合影。

周龍章、龍應台、羅大佑三人合影。

龍應台赴美，與夏志清、周龍章合影。

腦脹的，不能吃飯，只能飲湯。所以我們兩個就到山王餐廳去飲湯。山王的湯老闆看到她，像是見著什麼名人一般歡迎得不得了。那天天很冷，下著小雪，但我們談得很好。

後來我攙著她的手回旅館，她說，明天、後天，能不能跟我看一場百老匯的秀？那正中我的下懷。以後的兩天，我每天接她送她，《紐約世界日報》替她安排了一些活動，完了之後說是要送她。她說：「不必了，周龍章會送我。」這下子我的地位一下子好像被抬高了不少。可是，她第二天沒有去看百老匯的秀，因為要準備講演及有嚴重的時差，我就跟我祕書兩人把這個票子用掉了。她說要把錢還給我，那怎麼可能呢？於是她說，她要跟我相約在香港請我吃飯。結果，我還沒有機會去香港，她就成了台灣的文化部長了。

上任之前我給了她一封電郵恭喜她，但問她為什麼會接這份工作呢？他們說馬英九找了她好幾次，她推不掉，也有心在還有精力及能力的時候為台灣這個寶島做一點事，當年這個部長的工作可不好接的，每天有的沒的都有可能被罵，我想，這個龍部長，現在身價非凡，如果她不來找我，我也不必去找她了。如果我去找她，要是她不理我，那就有意思也變得沒意思了！誰想到，她居然自己來找我，一看到我，先就給了我一拳，表示她當我自已人，心裡有願意跟我做朋友。後來台灣駐紐約經濟文化辦事處請紐約台美的藝術家幾個人吃飯，也特別請她再做一場演講。那天晚上，夏志清、楊熾宏、李小鏡、陳張莉等都到了。她居然指著我說：「周龍章，起來跟我們講幾句話。」像她這種人很灑脫，像我這個不跟她找麻煩，沒有殺傷力的，又是個老同志，很容易跟她交朋友。

她當上文化部長之後，有一次她想到紐約來參觀下曼哈頓文化協會，龍太后是想多深入了解美國民主制度下非營利的文藝團體是如何運作的，也是有這份心為部長這個角色做好。

台灣駐紐約辦事處就打個電話給我，要我代為安排。我跟下曼哈頓文化協會有幾十年的交情，而且我還是他們的董事，當然我就替她做了安排。事實上，下曼哈頓文化協會是代表白人的，紐約另有個西班牙文化協會是代表西班牙人的，哈林文化協會是代表黑人的，然後還有美華藝術協會代表亞裔和布魯克林文化協會。我沒有那麼了不起，一口破英文，怎麼跟那許多博士碩士相比？主要一是因為我不是個麻煩製造者，二來美國什麼組織都要講究有多族裔的參與，這麼多年來，我就是盡量把應該做的事做好，做得無錯可挑，從不發表什麼偉論或作出什麼抗爭，所以大家都說：「Let's Keep Alan Chow.」因為我不興風作浪，來來回回都是社區裡的一點破事，沒什麼了不起，又不是救國救民。

但龍應台不同，她是台灣文化部的部長，代表的是一個政府，每天多少對眼睛盯著她，反對她不高興她的，她動一動就是錯，也真是難。我覺得龍應台最好還是回學校教書，把一身的本事，一輩子的學問見識盡量傳下去給下一代，或者就是寫書，像她這樣的人不寫書才叫真浪費呢！好在現在她已經功德圓滿，下台一鞠躬了。人海裡曾經有過一點點接觸的小緣分，我珍惜保存在心裡，龍應台保重！加油。隨緣再見！

羅大佑

歌手 SINGER

LUO DA-YOU

好人，也是怪人。
他對朋友都好，很有禮貌，
但也容易吵架罵人。
他也是真正「有料」之人。
最近他的作品少了，
但是只要一出手還是天下無敵。

羅大佑屬馬，去年本命年剛好一甲子，也六十出頭了，大佑是我好多年的好友。他真是個好的人，但也是個怪人，他對朋友都好，很有禮貌，但一個不對勁，他就會翻臉。他不怕得罪人，也誰都敢得罪，主要的原因是他正直，有理走遍天下，又大概因為他年輕的時候紅得太容易了，從年輕就被寵著，大家都圍著他。

當然，他是真有天才的，廣東話說是大大「有料」之人，他年輕的時候寫了〈童年〉、〈心肝寶貝〉、〈海上花〉、〈皇后大道東〉、〈東方之珠〉，太多太多好聽的歌曲。最近的十年，他的作品少了，但是只要一出手還是天下無敵。

這幾年以他這種脾氣在大陸上混，也真委屈他，但什麼都是假的，賺錢才是真的。有寶島台灣兩個大字頂著他，一線城市唱完，再唱二三線城市，選秀節目排著隊請他，只要他點頭，也是天賜給他這麼好的時機賺錢，賺飽了再說。二〇一四年倦鳥回巢，他和太太女兒回到台灣，這一塊育他、捧他、知他、識他的故鄉，外面再大再好，但這裡才是大佑安身立命的地方。羅大佑的時代經過了八〇、九〇、二〇〇〇年也應該夠了，但是他還是精力天才過人，也後無來者。

他最紅的時候到紐約來，那時候是八〇年代，我們認識相處得不錯，就成了好朋友。後來我跟他成立了紐約音樂工場，想出唱片、捧新人、辦演唱會，讓他在紐約又大紅一次。我們辦的第一個演唱會，是在林肯中心年度的戶外藝術節上，叫「愛心來自中國城」。主唱當然就是羅大佑，他的樂隊都是在紐約靠他自己一手組成的，每一個吉他手、鼓手等也都是他自己訓練出來的。那次的成功可以說是空前，林肯中心的廣場上，一共來了五、六千個觀眾，這在海外的華人世界可是一件盛事。不過，我們開了演唱會之後，音樂工場也沒做什麼大的動向、大的作為，大佑又準備進軍大陸。紐約好、紐約大，但大佑總是一個華語歌手，漸漸的聰明人如羅大佑，就有了下一階段的人生規劃，全心一意投向大陸懷抱。

在我們的時代，羅大佑真是天才，且是極少有的天才。在台灣紅了後，很容易紅到大陸去。那時候，大陸沒有這種歌曲，大佑的歌是被聽眾大力宣傳的。一首〈童年〉，劉文正唱，張艾嘉也唱，怎能不紅呢。但羅大佑的音樂工場沒有捧出什麼紅人，不像劉文正的飛鷹唱片公司還捧出方文琳、伊能靜、裘海正幾個人。羅大佑很奇怪，在香港時非常欣賞一個歌手叫袁鳳英，他讓我聽好多她的帶子。這個袁鳳英唱歌唱得很好，沒想到出了幾張專輯之後，就去信佛吃素，關門謝客不理俗事了。這也是個怪事。

大佑從小就很會交女朋友，他的女朋友都是一流的女人。除了學生時代不算，最早是小妹張艾嘉，他們相處很多年，然後是Amanda，都是非常漂亮一流的女人。再來是李烈，雖然個子小一點，但明慧漂亮，她現在是全台灣最紅的女性製作人，拍了這麼多、這麼好的電影。所 以羅大佑可以說在情史上有個輝煌的紀錄。羅大佑跟李烈同居了十年，結婚才一年就離婚了，離婚的主要原因是李烈不高興大佑的助理李依琳住在家裡。

李烈我喜歡，人實實在在，跟她一起工作的朋友伙伴一定很舒服，她和大佑的那段日子很用功，三天兩頭我和大佑玩回家，她還在寫劇本。李烈曾接受電視節目訪問說她從不跟大佑吵架，這倒不見得，光我一人便聽過他們大大小小地吵過不知多少次。當然，大佑也跟依琳吵過。當年大佑可是個脾氣不很好的人，否則他與李烈在紐約註冊結婚的時候，我怎麼會是唯一的賓客和見證人呢？照理說，他在美國的哥哥和姐姐也應該受邀才對啊。最近他跟一些人都搞得不對盤了，我相信大佑一定沒什麼錯，有時就是脾氣不好，真要鬥壞，大佑這種忠厚死脾氣的老好人，怎麼可能鬥得過人家。

李依琳對大佑非常好，簡直到了百依百順的程度，她對羅大佑有一種崇拜的心理。大佑這種鬼才是值得人家崇拜的。大佑的所有事情，依琳都安排來安排去，跟著大佑好多年。去年春天的時候，傳來他們人工受孕要生孩子的消息，我就打電話給依琳，恭喜她苦盡甘來，守得雲開見月明。我相信將來她一定會跟大佑繼續好下去，人長地久，百年好合。我愛大佑也愛依琳，我更為她高興，多少年喲，一心一意的守著，真不容易。

如今大佑已近耳順之年，去年他來紐約，半夜兩點鐘，我倆聊天他還不捨得走，真是難得的好朋友，相信他的脾氣一定比以前好多了。應該的！這麼多年的風風雨雨什麼沒見過。前年他來賭城開唱，午夜開場我領了一群小兄弟們去捧場，台下還是人山人海，我們的音樂教父一出場，幾萬個觀眾一起叫「羅大佑！羅大佑！」，在紐約這塊寶地可也不是每個藝人做得到。還記得當晚聽眾們個個樂得連賭場也不願意回去了，演唱會結束後，大堆大堆的觀眾要求簽名拍照，一簽就超過兩小時，還意猶未盡不肯散去，所以說有才走天下，六十歲的人了，多不容易呀！老天爺對他多好呀！惜福、惜福。

羅大佑於紐約領獎，中為 NEA 紐約代表 John Wessel，右為：嚴蘭靜。

周龍章與羅大佑在紐約。

周龍章與李烈攝於紐約時報廣場。

京劇表演藝術家 PERFORMER

顧正秋

GU ZHENG~QIU

鐵嗓金喉，唱出顧派顧腔。
靠那條金嗓走遍天下，
她是什麼戲都唱，
並且可以唱角色而不演人物，
而戲迷們也就是愛聽。

顧阿姨是影響我一生的人。我這麼愛京劇，為京劇奉獻一生，就是因為我在兩歲的時候，我家裡的人就抱著我去看顧阿姨的戲。我媽媽那時還沒死，我在媽媽的懷裡，能夠安安靜靜地看戲，而且跟著台上的唱腔扭啊扭啊地。所以，我從小就跟顧阿姨有點淵源。

幾十年之後，我想請顧正秋及張君秋到紐約去同台領獎，就專程到台灣來拜會顧阿姨，《中國時報》報系的藝文記者湯碧雲和石靜文陪著我去顧阿姨家。那時顧正秋雖然已經退下來了，她還是維持了當年上海梨園的那一套規矩。她看到我，請我坐下來，先送上水果，然後說：「周先生，您好。」我說，我們家都是她的戲迷，包括我祖父周邦俊、我父親周文同等等。她說：「記得，記得。」其實，我心裡明白她只是說客套話，當不得真的。當年她這麼紅，戲迷那麼多，又一星期唱六天，週末還有日夜場，逢年過節當然更有勞軍場，阿貓阿狗小觀眾她全記得的話，要變成神仙了。

她紅的時候台灣還沒有電腦，沒有手機，電影院也不多，K歌更是聽也沒聽過，大眾娛樂事業不多，所以大部分的人下了班只好到戲院子里去聽戲。拜天時地利之賜，她就成了唯一的大角。講到真的藝術的話，顧阿姨最好的就是一條金嗓子。由於她的金嗓子，唱京劇《蘇三起解》就唱出所謂的顧派顧腔。可也因為她能唱出顧派顧腔，所以她唱王寶釧也是唱個顧正秋，唱程雪娥也是唱個顧正秋，唱個《大登殿》也是顧正秋，唱個《貴妃醉酒》還是顧正秋。靠那條金嗓走遍天下，她是什麼戲都唱的，並且可以唱角色而不演人物，而戲迷們也就是愛聽。現在的戲劇演員一年能唱個十齣就了不起了，那像顧阿姨三百六十五天唱足三百六十天。

在顧正秋家裡邀請她至紐約領獎。

周龍章一手促成了雙秋會。

我逃到了香港以後，還是一直聽顧阿姨，因為兩岸還沒有開放。後來到了紐約，我做了美華藝術協會的負責人，就一直有個願望，要請她到紐約來領獎。顧阿姨那時有文建會全額贊助，所以機票什麼的，都不需要我去籌備。可是，她是個很仔細的人，一月份要領獎，前一年的九月她就派她兒子來紐約勘察場地。我為了證明我們過去的成績，就把前一年梅葆玖得獎的所有紀錄和報導集中成一本冊子，交給她的兒子帶回台灣。沒想到，這本珍貴的冊子就一去不回了，我也不敢向她要。

顧正秋在上海戲曲學校的時候有個男同學叫黃正勤，當年還追過顧正秋的。你說世事就有這麼巧，黃正勤現在就住在華盛頓，而且還擔任我們美華藝術協會的中文祕書多年。要不是當年共產黨解放了中國，讓帶團到台灣唱戲的顧正秋回不了大陸，而成為在台灣大紅大紫的京劇明星，今天的局面又會是什麼樣子？唉！人生的悲歡離合，有誰能預料呢？

顧阿姨自認她只是個人生的過客，很多人與事她是不會再去費心過問了。我想，我這一生是無法再見到她了，在此遙祝她身體健康，萬事如意！

徐露

京劇表演藝術家 PERFORMER

XU LOU

台灣唯一本土培養出來的京劇明星。
一身的國劇細胞，
唱念做打舞無一不精，
本土的唯一的一個真正京朝大角。

有一次我在上海，徐露打電話給我，我說我在上海，她說：「好嘛，我為你禱告。」這很難得吧。所以，我跟徐姐的感情，跟魏海敏、郭小莊是不一樣的。她年紀跟我們沒有差多少，不曉得為什麼，她就是有這種魅力，號召一些人跟她信教。

她平易近人，不是女強人那種兇巴巴的，有些人強勢得不得了，開口就要壓倒你。徐姐沒有，我就說徐露真，她就是平易近人、行雲流水的。她不但平易近人，而且能夠 involve 你的感情，所以，我真的是特別喜歡徐姐。但是，我來台灣，她有時一個星期內要找我三次，這也太多了，每次都要跟隨她感謝主，她不給你機會反駁的。

徐露可以說是台灣本土訓練出來的頂尖人物，而且，文武崑亂不擋。她的那些老師凋零之後，就再也出不來第二個徐露了。每個像徐姐這樣成名的演員，天分只佔百分之三十，其他都是靠她自己的努力。其實，當年大鵬劇校就主要是為她成立的。王叔銘、齊如山（梅蘭芳的老師）看中了她，為她找了一些好的老師。大鵬第一期就她一個學生，其他都是一期一期後面的。

我算是個社會活動家，幾十年來辦很多大大小小的公益活動、演出及藝術展覽，也結識各界不同階級的人士，但活動結束後人家要跟我交朋友，繼續來往，第一就是不能討厭同性戀。但徐姐不行，她不贊成同志行為，她說聖經不許同性戀，上帝不許男男在一起戀愛，會下火湖。但既然如此上帝為什麼又創造了我們呢？她不回答我，她說只要信不可懷疑，徐姐也沒答案。她說她為我禱告，求主原諒我，但

左起：王曉祥、徐露、周龍章

徐露與周龍章攝於紐約

她還是很喜歡我，大我沒幾歲，當我好像兒子一樣會擔心我的冷暖起居。後來完全不再提同志的話題，在世界各地傳道，有時也會打個電話來紐約，問我還有沒有做上帝不喜歡的事？

我們小的時候都是看徐露的表演，到香港時也是看她的錄影帶，我可以說是非常崇拜徐姐的。她的嗓子就是好聽，甜美又寬，可以說是台灣訓練出來最好聽的一副嗓子，鐵嗓金喉得不得了。顧正秋也是有副好嗓子，天賦有個好嗓子，不是吊吊嗓子就吊得出來的。她們都可說是in the right place in the right time。

徐姐也唱王昭君《昭君怨》、楊貴妃的《貴妃醉酒》，還有虞姬、梁紅玉、洛神、西施等等，四大美人都給她唱齊了。徐姐的戲當然不只這些，她至少會唱幾百齣。那時候台灣就一個徐姐，無論是比賽還是出國都是徐露。一直要到徐露慢慢退下來了，才有嚴蘭靜這種人才浮上檯面。

不過，台灣的國劇團全世界跑一趟的也只有《白蛇傳》一齣。徐露說起來也是佔盡天時地利，因為她正紅的時候大陸正在文革，把傳統的劇曲都給抹殺了。就是八個樣板戲，好是真好，劇本、唱腔、音樂、人物、造型都好，燈、服、道、效、化，無一不美，這方面江青是有大功的，可惜四人幫倒台，懂的人不捧，觀眾也沒得看了。但樣板戲也有缺點，每一個人物出來都是硬梆梆的，那種表現中國古典女性之美的東西，他們沒有。

徐露的崑曲是蘇盛軾、徐炎之、白玉薇、呂寶棻（王瑤卿的學生）教的。她是三千寵愛於一身，王叔銘將軍喜歡啊！她十一歲就會唱〈起解〉。戲曲這種東西太難了，這麼多北京、上海的人請我去唱戲，我可從來不敢去獻醜，站在舞台上一秒鐘就露餡了。我的玩意是票友，喜歡吹吹牛，玩嘛！

徐露從來沒說她要改良京戲，不像興國、秀偉拿改良京劇當口號。他們經得起考驗嗎？除了他們自娛自樂，媒體轟一下，還有別人跟著唱嗎？一齣《蘇三起解》，唱了兩百年了，還是會唱下去。大陸新編了一齣《赤壁》，有許多名角參演，但是不行就是不行，京劇不像是唱兩首歌那般簡單，有的製作單位好像把觀眾當傻子。徐姐紅的時候，她規規矩矩地唱，所有的人都看著她。她要唱杜麗娘、王昭君、楊貴妃、秦良玉、虞姬，每年要排許多新戲，四十八歲從紐約回來就退休了。因為她信入主耶蘇，要全心侍奉主過教會的生活。拖得像童老師七十多歲還在演《金玉奴》又有什麼意義呢？

徐姐因為她女兒那時候在紐約，她幾乎每年都要來，我都心甘情願地陪她。她那時候住曼哈頓第八街，離我辦公室很近。徐姐在家裡是一把抓，女兒買房子等事，都由她張羅。她兒子有小孩，她有了孫女兒，還送到紐約來參加夏令營。她對我就像盧燕一樣，跟我真是親，我是感恩的，阿門！

京劇表演藝術家 PERFORMER

魏海敏

WEI HAI-MIN

扮相好，又有戲緣，
前後拜童芷苓、梅葆玖為師，
加上自已的經營、用心、努力，
立志要作台灣京劇的守門神。

魏海敏可說是台灣中生代京劇演員中的佼佼者，現在是國光劇團的首席，團長鍾寶善的最愛，台灣京劇當今第一人，而美華藝術協會可說是第一個把她引薦到國際舞台的。

也是有緣，八〇年代早就聽說台灣有個迅速竄紅的京戲演員，火候也許還不及當年的徐露，但為人低調，上進心也很強，立志要作台灣京劇的守門神，要讓京劇在寶島再創高峰。於是，我就請了她來，在紐約的 Triplex Theatre（小林肯中心）請她演出《三堂會審》。那次她才帶了九個人來，其中有當時台灣的第一小生劉玉麟演的王金龍。其他的角色，都是我在紐約為她湊齊的。

一連演了三天，場場滿座，魏海敏的演出相當獲得當地僑胞及票友的讚揚。在紐約京劇票友可是臥龍藏虎，懂戲的老爺子們特多，可不是這麼容易伺候的，一群怪物，京劇成也票友敗也票友，唬幾個洋人捧捧場拍張照容易，真要懂戲或者自以為懂戲者點頭，那可不容易。魏海敏被認可，主要還是因為她扮相漂亮又有戲緣，所以這一仗大家都打得很辛苦，我們主辦單位也不容易，但是打得非常漂亮，魏海敏得勝回朝。

一九九一年台灣政府有錢，那時文建會有心要在海外宣傳他的軟實力，在紐約中城鑽石地帶但非藝術社區開了一個「台北劇場」在洛克斐勒中心，剛成立的五年，請我當藝術顧問及策劃人，我第一個就想到魏海敏。這次她帶了幾十個人來，在台北劇場我又請到了九〇年代的大陸第一花臉李長春老師和魏海敏演出《霸王別姬》，結果七場演下來，可說是座無虛席，再一次的魏海敏的名頭被打得非常響亮。

在紐約這塊藝術寶地魏海敏可算站住了腳跟了，好事傳千里，然後在紐約的京劇大師童芷苓也耳聞知道台灣來了個魏海敏，多少也是因為我的關係，魏海敏就拜了童芷苓為師。童老師旅居紐約總共收過二男一女三個學生，一個是她最喜歡的何樹，何樹可用功了，每天跟在老師旁邊乖得不得了，童老師的玩意他學得最多最全面，一個是最美麗的魏海敏，台上一站就有台緣，還有一個就是最不成器的周龍章，胡來！童老師老說我周龍章最胡來，不守戲規，生旦淨丑什麼都演，亂套，哈哈，魏海敏當年在紐約拜師可隆重的呢，紐約所有專業演員及大大小小的票友都到了！不過，童老師往生之後，魏海敏倒比較少提到這段。

到了一九九四年，魏海敏可說已成大器，我就請她來紐約領第十三屆亞洲最傑出藝人獎。當年同台領獎的有大陸的越劇皇后金采風，及台灣明華園的老團長，難得的是，金采風老師居然全場坐著看魏海敏與孫元坡演出全本《霸王別姬》。這在當年又創下了海峽兩岸表演藝術交流的一段佳話。

兩岸開放之後，魏海敏趁著天時地利，又去大陸拜了梅葆玖為師，梅老師不管戲唱的怎樣，他總是梅大王的兒子，頭上頂著大大的一個梅字。拜了梅老師，魏海敏當然在台灣、在大陸吃京劇這行飯就會順很多了，而她從此有了認證，正式成了梅派傳人。魏海敏漂亮美麗大方，她平易近人，又很會做人，是一個可愛的人，有這樣的明星弟子，又是來自台灣寶島，梅葆玖何樂而不為？魏海敏有他這道光環的加持，自然也成了正宗的梅派傳人了。而且，她的頭上也更有台灣兩個字，大陸的人對台灣一向是特別禮遇的。

魏海敏沒有趕上像徐露那樣的好運氣。徐露那時在大鵬，大鵬可以說是為徐露而開的。所有大陸撤退來的老師，如劉鳴寶、蘇盛軾等，都還在。到了魏海敏，已經差了兩代。許多好老師都過去了。所以，她的師承就比不上徐露。此外，魏海敏有一個問題是，她的嗓音不是大角的嗓音。她的嗓音不夠高，有九十五分，卻不夠一百分。但魏海敏的長處，是她的扮相好，身材也好，而且不斷在求新的，同時也在學老的。她這幾年勤跑北京，看了許多新東西，更學了不少老東西。

魏海敏精益求精，不放棄傳統老戲，除了《貴妃醉酒》、《霸王別姬》、《二進宮》、《穆桂英掛帥》這些劇目經常上演外，也曾經喜歡改革現代劇場，將西洋的戲劇國劇化。如她演馬克白夫人，甚至是埃及豔后Cleopatra等。這方面我的意見比較保留。因為，改良京劇的重點是在個「良」字。若改得不良，還不如不改，而一改就良的也未免太容易了。大陸傾全國之力文革二十年改出八個樣板戲，在我來看，是萬惡的四人幫頭頭江青老太后這輩子做的最漂亮，對藝術界最有貢獻的事。但那是投下多大的人力、物力和功力才做到的啊！

魏海敏也應該有五十有多了吧，未來十年應該還會領導台灣的京劇世界，因為她已經有這個條件，也只有她單搶匹馬在為她自已也好，為台灣京劇界也好，持續地在付出、在努力。要做超越徐露台灣第一的全才大角，這志向說起來是真不容易，畢竟京劇的北京戲是北京過來的，大陸現在有錢了，又在鼓勵，政府也在捧，而好的太多了，每個市裡抓抓一大把，生、旦、淨、丑好的一大堆，跟當年梅、尚、程、荀，靠社會上的頭子捧的時代過去了，在台灣到頭來能與徐露分庭抗禮的居然是魏海敏，可能也是

周龍章與魏海敏同拜童芷苓為師。

魏海敏來紐約領獎，（中）為台灣明華園的老團長。

最後一個了。

這玩意兒實在太難，花個十年八年下去不見功的不知有多少，而且一進了這一行，台上一齣戲，台下一齣戲，台下這齣戲可比台上的那齣難演多了。你看當年的大角，那個不是靠地方上的牛鬼蛇神捧起來的，還有身邊那群文人雅士說是捧角更是捧他自已，都不是吃素的。解放後雖然把戲子都捧成了表演藝術家，但捧不捧你大權還是在別人手上，初出科的能讓你上個台那就是不容易，你感覺你好，請告訴我誰不好。出的了科的每個都好，也只好各憑天命了。

所以說魏海敏命好，用功，經營，努力，再加上國立的鍾團長加持，慧眼識英雌給機會，所以美麗的魏海敏在台灣就修成正果了。魏海敏加油。

導演 DIRECTOR

胡金銓
HU JIN-QUAN

張徹
ZHANG CHE

我抱著電影夢進了邵氏，
張徹和胡金銓這兩大名導，
卻不約而同地點破了這個夢，
讓我死心蹋地走上另一條人生的道路。

在我們這代的影迷應該是沒有人會不認識胡金銓及張徹這兩位大導演的，兩人在當紅的歲月可是春風得意馬蹄急，是香港開武俠片新紀元的始祖風雲人物。

張導演一部《獨臂刀》是香港第一個破電影百萬賣座片的紀錄，胡金銓更是一九七八年被英國權威雜誌《國際電影指南》評為世界五大導演之一，當年一部《大醉俠》捧紅了當年才十九歲的鄭佩佩和岳華，在邵氏獨霸天下的歲月，只要是旗下的導演拍戲的條件相對比外面獨立製片會優惠很多，所以他們都是先在邵氏拍紅了的，人一紅當然野心就會大，一個個就想離開邵六叔往外飛，可惜外面的世界大，但是困難也多多，主要是在邵氏製作環境給寵壞了，連大導演李翰祥的國聯有台灣政府的資助，最後也只好打道回府回歸邵氏。

原因之一因為他們拍戲的態度太認真，胡導演一部《山中傳奇》電影要拍六、七年，對佈景服裝道具，一點都不肯馬虎，拍起戲來又從來不肯跳鏡，製作費節節水漲船高，對演員的要求，也份外嚴格，不准接別的戲。

是的！張導演、胡導演的片子是接了能抬舉人，但五年拍一部戲，叫人怎麼活呀！加上後期所拍的戲，只有行家、媒體叫好，與一般影迷要求脫節，俗話說觀眾的眼睛是雪亮的，其實老闆的眼睛才是雪亮的呢！片子一開，賣座跟預期有距離，再大的名銜都是假的，「票房的保證」成了明日黃花，電影界最現實，老闆們當面假意奉承，背地裏笑罵連聲，於是張導演的《長弓》也就收了工，胡導演也長期留在洛杉磯等工開，兩個認認真真的一身本事的電影工作者，晚年都不是很風光，電影圈紙醉金迷慣了，所以一過六十大關，兩人的身子骨也不是很健朗。

胡導演才六十五歲。一九九七年因做心導管術失敗往生在手術檯上，張導演台灣「長弓」敗北後，往大陸發展，那時候的祖國經濟還沒有起飛，於是時乎時乎不再來，身體也太差，腰都站不起來，回歸香港後，再多的乾兒子有什麼用，心不甘、情不願的離開了曾經風光過的花花世界。

張導、胡導跟我都有一點點緣分，六〇年代末，我曾在年少無知時發過明星夢，南國劇校還沒畢業，校長顧文宗就替我接了一部《文素臣》的次配角「文龍」，當主角喬莊、文素臣的徒弟角色，當劇校畢業實習作，文素臣原來是張徹張導演的戲，後來不知什麼原因改了薛群導演，當年邵氏財大氣粗經常會有這些事發生，但我上戲的第一天還是張導演，顧伯伯特地關照，給我介紹了張徹打招呼，張導演當年是什麼眼睛呀，狄龍、傅聲、姜大衛、王羽都是從他手中出身的，當晚收了工，他就跟顧伯伯說：「周龍章太矮太小，會不會演戲都是其次，可以慢慢磨，但沒有了巨星條件是磨不出來的，而周龍章沒有，好好人家出身的孩子，玩玩吧！別浪費了時間。」（同樣的話潘壘導演後來也說過），顧伯伯把話一轉到我耳朵，我就有了數了，當時聽了不舒服，也不服氣，但這真是金玉良言呀！也改變了我的後半生，點點滴滴都是貴人，感恩！

胡金銓導演跟我就更有緣了，六九年我接了岳華的班，主演孫猴子，《盤絲洞》是何夢華導演的，

左起胡金銓、周龍章、李麗華。

當年的三級片《盤絲洞》，何導演知道我會打，曾當過大明星的替身，猴子不需高大，猴子不需英俊，猴子又不需要演技，只要功底及技巧，所以何導演推舉我拍完他的《西遊記》，下一部戲去演《大醉俠》中眾多強盜之一，讓我去見胡金銓導演，那時我只知道邵氏大導胡金銓但不認識他，和胡導一見他說周龍章哪像強盜呀，演個小偷就差不多，也因此我沒有參加《大醉俠》的演出，乖乖的等著拍完西遊記，乖乖的等著珠海大學畢業，乖乖的退出電影圈。

來到紐約，七五年成立美華藝術協會後，當時胡導演最紅，我就想到個點子：替胡導在紐約開個胡金銓電影回顧展，把他老人家也搬到紐約，展地就在Bleecker Theater，當年在紐約village可也是個紅地兒，專放高層次的藝術片，開幕後一連三天的座談會接著七天胡氏的作品回顧，當時胡導的崇拜者多，連紐約大學電影系的學生李安也開了部破車子來朝聖胡大導，當年美華協會多窮呀，每天住酒店可住不起，我把胡導安排在張北海紐約的豪宅住，把李安介紹給了胡導，我們的李同學可樂壞了，結結實實在張北海的家裡上了幾天課，以戲會友滿載而歸，這我也算是做了件開心的好事，回顧展結束後，胡導演也很滿意的飛回加州，可是善緣卻沒有中斷，往後的幾年斷斷續續的我們都有很好的互動，我崇拜他，他也很欣賞我在海外對戲劇的堅持。

胡導是標準中國戲劇迷，各個劇種他都懂都喜歡，這一點我們可以說物以類聚，但他自己的電影事業卻一步步在往下走，有好的點子、大的計劃，如《華工血淚史》，一聽戲名就知道會是一部史詩巨作，卻找不到投資者，一直到消息傳來大導演胡金銓走了，往生在心導管手術檯上。

胡導演個子矮矮壯壯，一九五八年加入邵氏當演員、編劇及助理導演，一步步爬到導演的位子，鄭佩佩是他捧紅的，所以佩佩現在也是胡金銓藝術基金會的執行長，二〇一〇年五月在紐約人文學會，我和佩佩還主辦過胡金銓八十冥壽紀念會呢！我是他的粉絲，他是我的偶像從以前到現在，永遠，永遠，胡導我愛你。

演員 ACTRESS

鄭佩佩

ZHENG PEI-PEI

年輕的時候是天仙化人，
清純美麗又不是一般的漂亮。
現在是活菩薩，看盡天下事，
一切歸於平淡。
以電影生為電影死，
終身的一個電影人。

我認識佩佩五十年了，她是我認識的眾多明星中我最喜歡的一位。當年我進南國劇校時，第一天學校就在我們每一位學生面前擺了一堆《華僑日報》，要我們票選武俠影后鄭佩佩，你看她有多紅啊！她演過《金燕子》、《大醉俠》（岳華主演，但最重要的角色就是鄭佩佩），後來邵氏公司又要她到台灣來，拍了一部《情人石》（在蘭嶼拍的），那時候佩佩風華正茂，才二十歲左右。

當時，南國的同學當中，想做明星的都傍著校長顧文宗，無非是想早點紅。我們有一組人，每天都跟顧伯伯在一起的，佩佩就是我們這個小組的頭，其他的成員還有岳華、陳鴻烈、趙心妍和我。我因為有自知之明，知道我不可能大紅大紫，所以最早打退堂鼓。顧文宗是個美食主義者，跟著他有個好處，就是我們能吃得特別好。

顧文宗最喜歡的學生就是鄭佩佩和岳華兩個，因為他們的條件特別好，再來就是周龍章了。我拍完《西遊記》之後，邵氏就要我拍凌波的《雙鳳奇緣》，要我演個跑龍套的角色，我就跟顧伯伯商量，顧伯伯說，你先去讀書，看看你能不能申請到紐約大學、多倫多大學之類的。

那時岳華的目的是要追鄭佩佩，陳鴻烈呢？就跟岳華打對台，也要追鄭佩佩，潘迎紫呢？是喜歡陳鴻烈的，但是陳鴻烈喜歡佩佩多一點，只有我一個人是沒有對象的。最後，佩佩呢？岳華也不要，陳鴻烈也不要，她去跟台灣一個《梁山伯與祝英台》的電影發行商袁文通結婚囉！袁文通其實也是個少爺，什麼都不做，但他家有錢，而且他有個妹妹叫袁文秀，也是跳舞的，跟佩佩很好，所以佩佩就這樣被唬住了。可惜沒多久，兩人就因個性不合離婚了。為了替袁家留個種，佩佩在一口氣生了三個女兒之後，還又生了個兒子。

佩佩做武俠影后大約有十年之久，然後，她就慢慢慢慢地掉了下來。為了在邵氏公司維持一個主角的聲望，她開始接一些第二流的戲。那時我就已經要離開邵氏了。顧文宗、高寶樹、蔣光超等人就發起在九龍塘為我送行。佩佩那時穿著一件白色的貂皮大衣來參加餐會，讓我覺得好光榮喔！

我人雖然離開了邵氏，但是我的合約沒有離開邵氏，而且製作部門和財務部門是各自獨立的，所以我每個月的薪資兩百港幣還是照樣匯入我的戶頭。這樣累積了半年，邵氏公司發現我不但不拍戲，人也跑掉了，才把我的薪資停掉。倒是顧伯伯拿那一千兩百港幣買了個手錶寄到加拿大給我。

那時除了我之外，還有個王羽也跑到台灣接戲，因為他名氣大，被邵氏發現之後，鬧出個大事情。因為他名氣大，邵氏注入了多少心血，才培養出來的這樣一棵搖錢樹，和小次配角演員周龍章當然不同，所以隔海打官司要回公道，官司一打打了好幾年，結果王羽賠款了事，那是一九七二年的事了。

我在珠海大學讀書的時候，每逢學校要辦晚會，我都會請于倩、魏平澳、焦姣這幾個人參加。畢業的時候，只有井莉、楊凡兩人來向我道賀。到了紐約之後，因為江青的關係，我一直和佩佩保持良好的聯絡。

去年，佩佩到紐約來看我和江青，她那時已經吃素，我們找素齋店請她吃飯。人家看到我說：「周龍章，你好厲害啊！你連鄭佩佩都認識喔？」佩佩聽了說：「我們豈止認識，我們已經認識五十年囉！」唐人街的人不知道我有多大，說：「周龍章是我看著長大的，怎麼已經超過五十了？」

佩佩跟我說，現在全世界只要有需要她的地方，她就去拍電影，就算只拍一個鏡頭都好。簽了合約以後，她就向劇組報到。然後，她就關了房門把菩薩供奉起來，躲在房間裡抄佛經。信了佛之後，她變得心平氣和，再也不跟人家爭、跟人家吵。二〇一三年八月她到紐約住我家，正逢颱風肆虐。她走的時候，送我一個扇面，上面全都是她抄的佛經。

二〇一三年耶誕的時候，她告訴我一個好消息，說是她已經申請到香港政府的老人公寓，將來沒戲拍的時候也不怕沒地方住。唉！連當年最紅的金燕子、荒山女俠現在也都老了，真是是非成敗轉頭空。明星之中，有幾個能像何莉莉、徐楓那樣有享不盡的榮華富貴呢？

佩佩一生中，有個最愛的男人叫張沖。張沖也是個知名的演員，拍過的戲超過百部。不幸的是，他因大腸癌過世了。我想，張沖哥的死，佩佩是蠻傷心的。演員朋友中佩佩也是我的最愛，她是真好、真善良，現在看穿一切，專注電影愈來愈好。

和鄭佩佩合影於紐約家中。

周龍章與江青、鄭佩佩於紐約合影。

舞蹈家 DANCER

江青

JIANG JING

一生做人有原則。
從來就不想當明星，
只想當藝術家和舞蹈家。
為人行事層次高，人品好。

在所有我認識的南國劇團人物中，江青是跟我結緣最深的。江青那時是我們的舞蹈老師，我看了她的舞蹈，才知道什麼叫中國古典美，不論是少數民族舞蹈，或是中國傳統舞蹈，到了她的身上都是美不勝收。至於她自己新編的一些現代舞，那對不起囉！我只能說我不會欣賞，不懂，就好像譚盾的音樂一樣，我是真裝也裝不起來，不懂就是不懂，坐得住對我來說已經難為我了。

在香港的時候我跟江青就很熟很好，不過，她是大明星，我不是。我逃離邵氏到了紐約之後，沒幾年，她跟李翰祥、甄珍、劉家昌之間發生了一些不愉快的事情，她就斷然離開她並不喜歡的電影界，很生氣的跑到洛杉磯住在盧燕家裡。

後來，她想通了，要搞舞蹈藝術還是要到紐約來，紐約是世界藝術之都，她就來了，也找到我。她本來是想成立「江上數峰青」舞蹈團，但覺得這個名字太過拗口，意境也太高了，普通人不容易懂，就改為江青舞蹈團，我也是特約團員之一。

她的團員中還有一個職業華人團員叫董亞麟，後來得愛滋病死了。我很喜歡董亞麟，也曾經追過他，追不著變成好朋友，跟他發生過一次關係，他的死，對我也是一個打擊，他是這樣高富帥的一個男孩子，又滿身藝術細胞，江青也非常欣賞他，亞麟自己也組織過一個舞團，還請我當過客座舞者，那麼早就走了，真可惜！自此我對我自己的 sex life 就更小心了。

周龍章和鄭佩佩及江青合影。

左起：施叔青、江青、林懷民、周龍章在 BAN 合影。

那時台灣的四大導演白景瑞、李翰祥、胡金銓、李行拍了一部電影叫《喜怒哀樂》，江青把「樂」的部分單獨抽出來，改編為一齣現代舞劇，由我擔任主角老漁翁，她自己只在裡面演一個小角色。很多人看不懂這齣現代舞，但是我們還到全美各地及參加香港亞洲藝術節演出。江青的瑞典老公，就是那時候來追她，每天晚上都捧著一支玫瑰花走到台上來獻給江青。

在他的熱烈追求之下，江青最後終於與他成為眷屬。她老公是瑞典諾貝爾獎委員會的委員，雖然過去了，江青目前財務上還是很寬裕。她擁有瑞典的一個小島，經常邀請友人去渡假。她跟這位瑞典老公育有一子，長得非常好，像個王子一般。

認識江青這麼多年，最難得的是，她一直非常努力，自重自愛，層次也高，做任何事很有原則。從她在當演員的時候，在明星的最高峰說下就下，投入完全新的領域又能做出她想做的事情，就知道這有多難得了。

江青是我在紐約經常見的朋友！

演員 ACTRESS

盧燕

LISA LU

華人的傳奇。戲好人好，
九十歲還南征北戰。
全世界飛跑演出，
奧斯卡金像獎的唯一華人評審，
可惜還沒拿到金馬獎的「終身藝術成就獎」。

在當今所有活躍在影壇的明星當中，盧燕無疑是屬於鼻祖級的人物。別的不說，半個世紀前，她以三十幾許的青春年華，就在邵氏公司以演西太后而大紅大紫。誰能料到，五十年之後，她仍在香港話劇團主演由楊世彭博士導演的《德齡與慈禧》而造成轟動。別說是華人影星了，放眼全世界，有幾人前後五十年演同一角色，像她這樣松柏長青，屹立不搖？太難得了！

我最佩服盧燕的是她的敬業精神。二〇一二年，她因為中國電影節來紐約，本來我跟她有個約，她突然取消，跟我說：「抱歉，Alan，我有個很重要的Audition，所以……」有沒有搞錯？一個八十八歲的老太太還在應徵角色？你說這種敬業精神哪裡去找去？像她這種人物，才真正應得金馬獎的「終身藝術成就獎」，哪還輪得到甄珍大奶奶啊？

一九八九年，我是設計好了，要讓盧燕得紐約市文化局頒發的「終身藝術成就獎」。盧燕跟我說：「Alan，我呢？老了。遲早我會得這個獎的，我可以等。現在呢，你排排看，今年你先給葆玖，我跟你商量一下，錯錯開。因為葆玖沒來過美國，他很想看當年他父親梅蘭芳風光過的百老匯是什麼情景。」我說：「好啊！」於是我就到香港找一位有實力的票友，贊助三張頭等艙的機票，讓葆玖能帶著他太太和姐姐葆玥到美國來。當然，盧燕也從洛杉磯趕來。那年，從美國各地趕到紐約來看葆玖的戲迷不知有多少，還真要感謝盧燕給了我這麼好的點子。

我認識盧燕大約也有五十年了。她雍容華貴，不慍不火，把我當個小輩，看到就說：「龍章啊！……」

或者是「Alan啊！……」聲音真好聽。六○年代末、七○年代初的時候，我在邵氏拍《盤絲洞》，我們是在二棚拍。另外有四個棚在趕《傾國傾城》和《瀛台泣血》，兩部戲都是由盧燕主演西太后。盧燕那時已是金馬獎影后了，十足有巨星的架勢。這兩部戲邵氏所有的大小明星都參加演出，是邵氏準備傳世的重頭戲，我們有空檔的時候，總是求演皇后的凌波帶我們去四棚看國際巨星盧燕，《盤絲洞》的一些蜘蛛精如：于倩、沈依、田夢和我，都會偷偷地跑到盧燕的棚外面去等她，看看她下戲了沒有？有一兩次碰到了盧燕，總也會問大家好，辛苦不辛苦？還鼓勵我，說我是一隻最帥的猴子，樂得我靈魂都差點出竅！那時，我們對她真是充滿了崇拜。

後來，我自己知道自己沒有做專業演員的條件，大學一畢業就離開了邵氏，離開了萬紫千紅的影劇圈，我的志願是做一個終身不離開舞台的票友，我來到美國，又跟盧燕碰上了，就變成了好朋友。我和她是忘年之交。她雖然是金馬獎影后，但是一點也沒有大頭症，跟每個人都是親親和和地。到今天為止，盧燕還是第一個，也是唯一可以擔任奧斯卡獎評審委員的華人。

盧燕不知從哪裡學來的英文，非常利落。每年奧斯卡舉行頒獎典禮的時候，她不但要為《中國時報》發新聞稿，還為多家英文媒體發稿。她還有個本事，就是她的電腦功夫很好。早在二十年前，她就能夠給我發電子郵件了。她喜歡看戲，每次來紐約總會看上幾場戲，連我們票友的戲她也照看不誤。

盧燕還是美國影評人協會的會員，每次有新片推出，她總可以訪問一些大明星如布萊德彼特、茱麗

與盧燕於紐約中國電影節走紅毯。

亞羅勃茲等。她來紐約，她的公司會安排她住旅館，而且，每天她的餐費有一百美元，這一百美元是只能花不能退的，所以她總是會找我陪她吃飯，就這樣，我不知道吃了她多少頓？

我和盧燕相處五十年，從來沒有爭執過一句，我有什麼事，她總是義無反顧地幫忙。中國電影節到二〇一三年已經連續辦了五屆，頭三屆盧燕都是自掏腰包買頭等艙的機票，從北京專程飛來紐約參加。她看到我就說：「龍章啊！我到了。沒事，沒事。你看到我你心就定了。」要知道，每逢電影節，總有一些明星喜歡端著個架子，所以我總是喜歡躲在盧燕的房間裡，假裝伺候她，其實是我在躲一些不必要的是非。

有一年中國電影節我和盧燕一起走紅地毯，我們要聽候叫喚搭加長型豪華轎車到會場，叫到我們的時候，我扶盧燕出來，但是，電話又來了，說是要我們再等一下。因為，林肯中心的後門已經關掉了，我們回不去了，我們只好到中心對面的一家家具行去打發等候的時間。那時，盧燕的舉止像是個來自歐洲的貴婦，東問問西問問地，彷彿要下一筆大訂單似地，讓店老闆充滿了希望。但沒多久，她就因為精力用盡睡著了。等到叫她的時候，她花了一分鐘，補個妝，立刻又是一尾活龍。

到了會場的時候，我們碰到了《飛越老人院》電影的年輕導演張揚，盧燕就跟張揚說：「張導演、張導演，太可惜了。《飛越老人院》裡，你怎麼不請我演一個角色呢？我絕不會丟你臉的。」張揚聽盧燕向他發嗲，當然是高興得要命，當場就說：「好好好，下一次一定跟你安排。」盧燕說：「咱們這就定了。我等你回話呢！」然後她對我說：「龍章啊！張導演都答應了，咱們走吧。」你說她可不可愛？

那天晚上回到盧燕住的旅館時，她說她沒吃晚飯，肚子餓了，我就陪她上九樓吃飯。那時，有一堆也參加中國電影節的老外，看到她穿著晚禮服走進來，立刻迎上來對她說：「Madam,You were so spectacular tonight.」盧燕一聽，風姿萬千，不疾不徐地說：「Thank you so much.」老太太還真個萬人迷。

盧燕戲演得好，但唱得不是太好，本來她在洛杉磯唱個《拾玉鐲》、《金玉奴》什麼的，後來改唱老生。第一台老生戲就是來紐約唱新編的《大唐貴妃》，她唱唐明皇，童小苓唱楊貴妃，我唱高力士。你看，我跟盧燕台上台下搭配得多好！

盧燕現在多半在洛杉磯和北京兩頭住。梅葆玥死後，她就跟葆玖的姐姐一樣在照顧葆玖，跟葆玖好得很。有一說她是梅蘭芳的私生女，跟葆玖是同父異母的姐弟。關於這一點，她不承認也不否認，但是，她跟葆玖情同姐弟是事實。Lisa, Lisa! I love you. Very very much.

演員 ACTRESS

鍾楚紅

ZHONG CHU-GONG

華人的瑪麗蓮夢露，
但性感健康而沒風塵味。
大氣、豪爽、絕頂聰明，
又從不得罪人。
先生去世後，男人勿近。

古今中外我所認識的女明星群中，從七〇年代直到今天，我都認為紅姑第一，她美，美得清新；她豔麗，但不過火；美豔不可方物，但自然如春風；她性感但絕不邪，而且她為人正派，高雅又不做作。一直到現在她還保持著高來高去，自己守著她的格調，五十幾歲的人了，一亮相還是豔壓群芳，任何場合只要紅姑一現身就是一道美極了的亮點，可說是人間尤物，不老的神話，私生活中也潔身自愛，先生往生後，男人勿近。

是有好多年沒見到紅姑了。對！記得那時候是在紐約麥迪遜廣場認識的，為了公益金的一個活動，我是那場義演的藝術顧問，由老友肥肥和秋仔一介紹、我們就一拍即合，老友得不得了，拍肩搭背地。她之前並不認識我，也不知道我待過邵氏。那時鍾楚紅是當年的性感女神，如同是中國的瑪麗蓮夢露。其實夢露似有似無還帶著一絲風塵，但我們的紅姑更乾淨健康。

鍾楚紅能夠有今天的地位，要感謝一個人，這個人就是楊凡。楊凡和我相識多年，以攝影起家，非常會自我宣傳，把自己捧成一個香港首席大攝影師。他當導演也以唯美派的電影著名，只是像羅大佑就對楊凡的電影有一句名言：「你要做什麼都隨你，但請不要再拍電影。」

鍾楚紅在邵氏公司拍了一連串A級爛片後，演了楊凡幾部電影，最重要的是，楊凡幫她拍了些攝影。楊凡其他的攝影我不知道，但是他拍鍾楚紅，是真有本事，層次又高，品味好得不得了，把鍾楚紅的魅力完全表現出來。可以說，紅姑是因為楊凡的攝影而變成當年國片影界最亮眼的一顆巨星、一尊性感女神，說是女神一點也沒錯，直到現今一代的小青年、中青年，甚至我這種老青年，把紅姑捧為女神的大有人在。鍾楚紅很喜歡吃義大利菜，她在紐約的時候，兩個月內我們幾乎吃遍了紐約大街小巷所有的義大利菜館。

我心目中，紅姑永遠第一，但她演戲演了半輩子，老實說，沒有哪一部真發揮了演技。她在生活上和在銀幕上完全是兩回事。她本人在生活中不夠高、有點胖，有點像個tomboy，性格豪爽，人又非常聰明。奇怪的是，她似乎特別喜歡跟同志交朋友，像我就是。

她在紐約拍完戲之後，有多少臭男人想把她，她卻誰都不要。只跟我才會跑去59街的Coliseum圖書館看書，我們可以一看就看兩三個鐘頭。紅姑席地而坐，面不改色，看得開心學得認真，她並不太喜歡看百老匯的歌舞大秀，反而喜歡隨意的穿著和我大街小巷亂逛逛，逛village、soho什麼的。穿著也有她自己的品味，不亂穿、也絕不亂買名牌，但什麼衣服一穿在她身上都美極了。

紅姑是一九六〇年出生的，現在也已經五十多歲了。她本人並不是太漂亮的那種，但是非常陽光，見到紅姑就見到了希望，世界仍是美好的。一到了銀幕上，一到了鏡頭裡就非常presentable，當然她息影好多年了，可惜當年香港電影圈，沒抓住她，拍了幾十部戲，代表作卻不多，現在她也參加很多代言，為興趣也為生活吧。也參加公益活動，保持一個知名度，而且紅姑還是個環保先鋒，對於環保她是真心出錢出力的，看到現在北京、香港的霧濛濛的天氣，一定把她氣得半死。她是一個絕對精靈的女子，想侮辱我們的紅姑那不是她傻是你傻。香港城中有些大的function，所謂城中盛事，只要是高層次的，她也經常參加，說老實話，我相信她是不會復出拍電影了，也希望她有這個智慧不再復出。她老公早逝之後，她一直一個人，很會過日子，生活得很好，也沒聽說有交什麼男朋友。一切關於紅姑的消息，大部分都是正面的，這就很不容易。

對於鍾楚紅我是有自卑的，人家這麼大大的一個鍾楚紅，當年還跟我小小的亞倫周有過緣分，曾經是好朋友，你還想怎麼樣？人家是真的上流社會的頂級人物，不虛不假的。希望她順心如意，遙祝平安。我是不會再去找她了。我是屬於小社區的人物，我就認命在小社區裡安身立命。

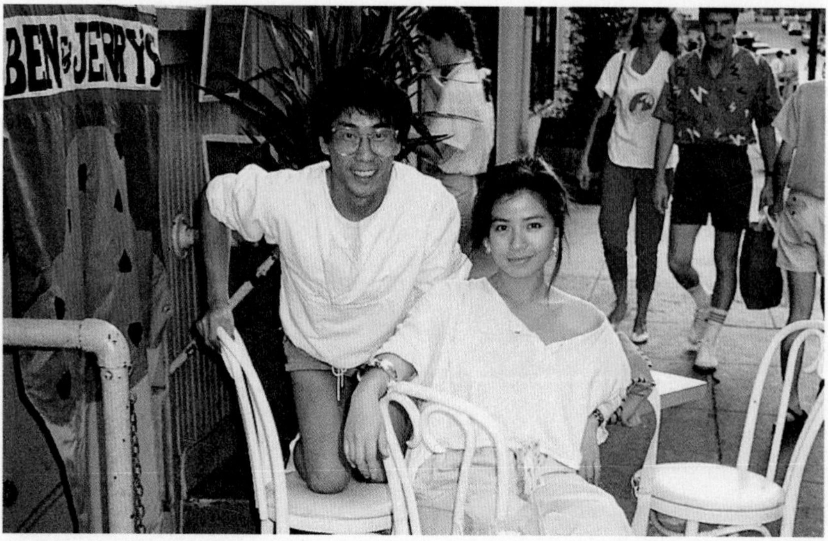

周龍章與鍾楚紅在紐約蘇活區。

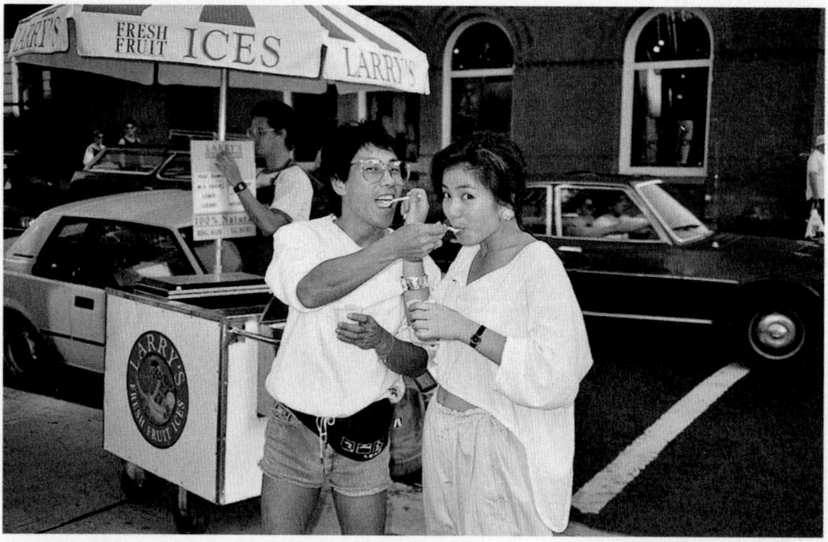

周龍章與鍾楚紅同遊紐約街頭。

周龍章與美麗的紅姑合影。

歌手 SINGER

梅豔芳

MEI YAN-FANG

義氣女子。天生的天后，
但是個苦命的女人，四歲就開始登台，
紅遍港台及華人世界，卻被男人一次
又一次拋棄。
香港之光，與生俱來的舞台魅力。

梅豔芳十週年紀念演唱會，張學友說每個進場紀念阿妹的觀眾，都希望能穿黑白二色服飾進場以給阿梅一份珍重，是的！一個夠義氣，苦出身的「香港女兒」，一輩子不虛不假在舞台上的獻身，她給人們帶來的歡樂絕不會比任何一個偉人少。

我喜歡阿妹，她的歌真是一流，粵語國語都唱得好，功力深厚咬字清楚，沒話講，戲也是一流，當今紅星比她漂亮的太多了，但沒幾個比她更會演、演得深、演得細。

我跟梅豔芳沒有私交，結緣認識是一九八九年，那時發生六四事件，其實學生也有錯，但香港人因為九七逼近了，有許多人怕，更有許多人不服氣，紐約華人也辦一個紀念演唱會，叫做「民主歌聲獻中華」，是在Javits Center辦的。領銜的台灣有羅大佑，香港則是梅豔芳。我擔任這個演唱會的舞台總監。那次演出非常轟動，因為那時是梅豔芳最紅的時候。但她工作起來善解人意，一點麻煩也不給人找，專業極了和助手二人，打理一切安安靜靜的準備上場，這場演出所有的演職員都是自願參加不拿錢的，跟她工作真舒服，梅豔芳本身長得並不漂亮，有夠瘦，可是她舉手投足，非常有舞台魅力。那次完了以後，我們在中國城還有個大遊行也是人山人海，但阿妹沒有參加，怕亂。

次年我到香港去度假，正好碰到梅豔芳的生日，她把整個山頂餐廳包括停車場都包了下來，真誇張！我是阿梅的粉絲跟著大佑一起去。那次的晚宴是由曾志偉主持，到場的貴賓大約有兩三百人，香港地面大星星小星星全都來了，等著、聊著、喝著、吃著，剛好一陣騷亂，梅豔芳到場了。我看她四海的樣子，像要競選的政客一樣，江湖得不得了，不論熟不熟識，她都跟每個人打招呼，道辛苦說一些感謝的話。

梅豔芳的派頭和鄧麗君和甄妮不一樣，鄧麗君是不出聲的，你講話她就笑笑，偶爾講一句幽默的冷笑話；甄妮到一個場合，嘩啦嘩啦地像個女王，話語權全在她身上；梅豔芳出身苦，很小四歲就出來賣唱，她哥哥、她媽媽啊，她全家都是不做事全靠她。

梅豔芳是喜歡帥哥，談了很多次戀愛，都是大帥小子，還包括日本帥哥。她最愛的一個戀人是大陸出來的趙文卓。趙文卓身形高大，人又帥，條件比甄子丹他們好多了，但他不爭這個，安安分分的拍戲賺錢養家，不製造話題，追他的人很多，但他不爭風頭。梅豔芳因為名氣太大了，給了他很大的壓力，沒幾年就和阿妹分了。

在趙文卓之前，梅豔芳還跟劉德華有過一段刻骨銘心的戀情，但後來還是不了了之。老天爺也真不公平，像梅豔芳這種這麼有表演才華的藝人，苦了一輩子，居然讓她四十歲才出頭就得癌症死了。

我最後一次見到梅豔芳是在作曲家盧冠庭的「牛一」及新界新屋落成慶典上。盧某在香港和深圳的交界處蓋了一棟新房子，梅豔芳也去道賀，見到我的時候，她對我說，我去紐約的話一定去找你，去你的盤絲洞玩，唉！沒想到，沒過多久，她就走了，盤絲洞也歇業了，真是時乎時乎，不再來！

與梅豔芳合影於巴士上。

突然想起一句話「做人難，做女人難，做名女人更難」，世人誰不都是受命運之神的擺布，風光的，人前都看到了，背後呢！得到一些，必也會賠上一些，世道之公平，也就在此，誰能得到一切，佔盡便宜？誰不是「人在江湖，身不由己」？

陳丹青繪。

服裝設計師 DESIGNER

吳季剛

JASON WU

家境不錯，命好，
三十幾歲像十幾歲。
兩個馬夫人捧他，
可算是得天獨厚。

吳季剛其實跟我沒什麼太大的淵源，說起來他曾到我紐約的「盤絲洞俱樂部」同志酒吧打過工，也只有短短的三、五個月。那年盛夏「盤絲洞俱樂部」來了一個乖乖的、老老實實的小青年說是想打工，他說他叫 Jason Wu。

當然 Jason 他本身家境很好的，人也多才多藝，身為同志來打工，只想多一點社會經歷，來打工只是來玩玩的。當年我們盤絲洞吧裡面的人太多了，人來人去的，一個清清秀秀矮矮小小的他也不是很引人注目，倒是他在我們的吧裡做過兩次服裝發表會，當時大家都說好，但並沒有引起什麼大的轟動。

在盤絲洞時他叫他自己的品牌「Miss Wu」為吳小姐品味店，三十幾歲的一個男孩子，陰柔得卻像一個女孩子一樣，非常可人愛的。我相信他已經不記得周龍章這個人，但是他應該記得他在盤絲洞打工時老闆叫 Alan Chow。

他爆紅之後，有許多人說：「不得了喔！你們盤絲洞出了一個了不起的人。」其實我跟他一點接觸也沒有，酒吧裡包括經理、我和三個 go go boy 也有十幾個一天晚上，再加上酒店服務生，我真的不可能和每個人都稱兄道弟，所以基本上只知道店堂上又新來了一個可可愛愛的一個小酒保，沒什麼接觸。過沒幾個月就走了，走了就走了吧，想當酒保打工的年輕人有得是，倒是蠻想念他手做的小娃娃，樣子精緻可愛極了。

來盤絲洞上班並不一定需要會調酒的，我自己剛開始的時候也下場做酒保，也下場跳go go boy，因為客人多半是喝啤酒和飲料，而且除了幾個固定的酒保之外，其他的人都是流動性的。Jason在我們的酒吧裡做的服裝秀，不外是找幾個吧裡身材好的業餘模特兒，走走小舞台上的catwalk，邀請函當然是用盤絲洞的名義發出去的。

他在盤絲洞大概做了三、五個月左右。在紐約這塊寶地，像他這樣亞裔的服裝計師要多少有多少，反正是很多很多，像Michael Lin、Vivian Tang、Garrick Liang、賈雯蘭等等，有許多經濟條件好的或有人贊助的，就花大錢參加紐約每年舉辦兩次的fashion week（紐約春季和冬季服裝節）。Fashion week目前是在林肯中心後面的一個小公園裡舉行，阿貓阿狗只要花錢都可以參加，花二十五萬美金只能買到約十五分鐘到二十分鐘的catwalk show，但是，至少有一百部攝影機對著你的秀，而且經常會有一些名人會露面。

我相信，當時吳季剛並沒有這種經濟能力參加fashion week，這就證明了我常講的一句話：最紅的不見得是最好的，最好的也不見得是最紅的。說設計服裝他真的不算最好的，但人家家底好，命好，你能怎樣？反正Miss Wu是紅了。

陳丹青繪。

馬友友

大提琴家 MUSICIAN

YO-YO MA

華人藝術界第一人。
可以讓每個人都如沐春風，
如有神助，點紙成金。
百年難遇的人物中的人物。

我有十五年到二十年沒跟馬友友見面了。但是，八〇年代的時候，馬友友可以說是美華藝術協會的一個福星。那時，馬友友有一半的時間是住在紐約，他的姐姐姐夫都是住在河邊大道九十八街。那時候他在紐約的業務很多，他的經紀公司是美國最大的ICM公司。

我跟馬友友算是滿有緣的。像他這種人物，老實說，他才是全世界華人之光。因為，在我看來，一百年華人間也出不了第二個馬友友。第一，他的琴藝非常好，可是他說他們家中最有天賦的是他的姐姐馬友乘。馬友乘本身鋼琴、小提琴、大提琴都很好，她嫁給邁可，是個菲律賓人，他們在紐約經營一個兒童的管絃樂團，也是非營利性的，但經營得很辛苦。

八〇年代我跟馬友友認識的時候，他是個非常幽默的人。跟他相處的時候簡直如沐春風。他很喜歡京劇，但對京劇又很少接觸。所以，每有什麼表演或晚會，我都會請他來參加。而我送他回去的時候，我都會一路上唱戲給他聽。他對同志也是不在乎的，他曾對我說：「可惜我不是周龍章喜歡的那一杯茶。」你說他夠幽默吧。他就是這麼容易相處的一個人。

那個時候我們美華藝術協會時好時壞，政府每給我們一塊錢，我們自己也得向外募一塊錢。馬友友看到我們的辛苦，就自動向我們建議說，他願意為我們募款表演。那時他的價碼已經很高了，是ICM的首席，雖然聲望比不上他現在。現在的馬友友，是不做商演的。只有總統啦，親王啦，什麼開國慶典啦，就職典禮啦，請他演出他才會出席。聽了他的建議，我當然是喜出望外，於是我們找了他和林昭亮珠聯璧合，開了個演奏會，普通門票是一百美金，贊助門票是一千美金。那個晚上，我們就賺了三十幾萬美金，是美華史上的一件大事。

一九八二年美華給了馬友友傑出藝人獎。他因為生病了，無法出席領獎，就錄了一個音，寫了一封信（那時還沒網路）代表他的謝意。我就帶了花到了他姐姐的家裡去看他。他收到那個花的表情，好像是他從來沒有收過花的模樣，說：「亞倫，你不應該這麼做的。這花真是太美了，我很喜歡。」你說他假嗎，他一點都不假。他就是這個性情，喜歡讓人開心。

他的太太是猶太人，有兩個小孩。馬友友這個人看起來高高大大地，卻經常有點小毛小病的。今年他又來紐約演出，我和陳丹青去觀賞才發現，我們的帥哥馬友友也不免呈現出老態，後面都開始禿頂了。無論你有多麼紅，歲月總是不饒人的。

一九八三年他終於可以來親自領獎了。出人意料的是，他居然抱著個大提琴上台，而且在領完獎後還即興地演奏幾首曲子。我們當時拍下許多照片，他後來等於是我們美華的社寶一樣，有事沒事地就拿馬友友來打響美華的名號。要換成了今天，別說是頒獎給他了，連他的人我們可能找都找不到的。

說起來，不是我們美華捧馬友友，而是馬友友捧我們美華。有他成為我們的得獎人，我們的亞洲最傑出藝人獎一下子變成很有價值。這就像張君秋、梅葆玖得了這個獎之後，幾乎所有的京劇大角都想效法一樣。

馬友友生於法國，在美國長大，但對中華文化非常喜歡。他這麼成功，但有個特別的長處，就是他不招忌。他笑起來甜甜的，像個大孩子一樣。他能夠聽得懂普通話，也能講一些，比林書豪可是說得好多了。如今馬友友已是世界公認首屈一指的大提琴家，算是光耀門楣了。

再說說林昭亮。林昭亮和他的母親，跟我親得像是一家人。林昭亮不亢不卑，不慍不火，是個很大器的藝術家。但是，他除了在台上表演時非常傑出之外，在日常生活中他是什麼事情也不會做的。

林昭亮結婚生子之後，慢慢慢慢地也從舞台上退了下來，畢竟也是五十多歲的人囉。他目前在茱麗亞音樂學院教大師班，與我經常有往來。唉呀，時乎時乎不再來，豈僅是我，每個人都是一樣。

馬友友領獎合影。

九〇年代，周龍章與馬友友的合影。

周龍章與馬友友。

林昭亮的結婚典禮。

傅聰

鋼琴演奏家 MUSICIAN

FU CONG

對藝術執著，至死不渝的鋼琴詩人。
可惜和紐約的猶太人沒有默契緣分。
九〇年代我五次請他從英國到紐約演出，
場場爆滿。

傅聰是二、三十年前江青介紹給我認識的。那時他風華正茂，有鋼琴界的詩人之稱。尤其是他的蕭邦，真的厲害，如行雲流水，他這個東西，老實說，比當今的郎朗好太多了。郎朗走的路子跟傅聰完全是兩回事。傅聰是不食人間煙火的，他真的是個藝術家。

我請他到紐約五次。為什麼是我請他呢？沒有別人請他呢？他這麼紅。因為不知為了什麼事，他跟猶太人搞得不太好。紐約的音樂界都是猶太人把持住的。猶太人不管你的話，那誰管你啊。我們這種人，請他來，讓他在林肯中心有個自己的音樂會可以，要真的做大宣傳來推廣可不行。每次傅聰來，都是我帶他去看鋼琴，然後租一個鋼琴，搬到林肯中心去，然後做一場表演，因為他的名氣，每次都是坐得滿滿的。你說真的要捧一個藝術家不是這樣的，會有管絃樂團，即使是室內樂，也有幾首作品來伴著他才托得起來。

我三次請他到林肯中心，一次請他到卡內基音樂廳（Carnegie Hall），現在為什麼不再請他呢？因為他畢竟太老了，有八十歲光景了吧。而且他的手，因為練琴練得太多了，有腱鞘炎的問題，每天都弄個黑套子保護著，只露出幾個手指頭。幸好他沒得到帕金森症。最後一兩次我請他的時候，他沒有過來，是他的第四任太太過來的。他有好多太太和好多孩子。孩子跟他一樣都長得很漂亮。第四任太太也是個華人鋼琴家，但是中文不太會講，平常都是說英文。

你看當年毛婆江青捧的劉詩崑，現在也七老八十了，得了帕金森症，最近還抱病到了紐約開演奏會。他是人一碰到鋼琴就好了，可是站在舞台上的樣子，真是慘不忍睹。這說明了一個人有了舞台的懷抱之後，是很難忘懷的。

十年前請傅聰過來的時候，他曾提過郎朗和李雲迪。他說，這兩個人都是天賦好，但是都不夠用功。據他說，你要成為一個音樂家，你整個生命都要獻給音樂，是完全不能馬虎的。

郎朗我是在譚盾家認識的，那時他剛剛竄出來。現在他的爸爸媽媽也好，他自己也好，把他當成一個商品在推銷，他簡直變成了一個演藝人員。一個真正的音樂家絕不能成為一個演藝人員，像傅聰就是個音樂大家。我這麼多次請傅聰來紐約演出，他從來沒有一次跟我談過價錢，每次他回倫敦時我給他一張支票，他看都不看，揣在口袋裡就上飛機了。他的人品極好，可是有點閉塞，在交友方面比較受限。

傅聰頭兩次的時候。我是安排他住Shirley Yang家裡。Shirley是百人會（100 COMMITTEE）的創辦人，是最高等的華人，往來的都是名流中的名流，傅聰住她家那也沒話說。可是，後來兩次，他就住我家，睡我的大床，我就睡客廳，這麼簡慢的招待，他也不在意。平常，我跟他是上海話交談，有第三者在時，我們才說國語。他平易近人，有一次他來紐約的時候，Elmherst有個鋼琴老師Dora Hsieh非常崇拜他，他居然就跑到Elmherst在這位老師的小公寓裡陪她歡度感恩節。平常，他喜歡叼著根菸斗，瀟灑得不得了。唉呀！像他這樣的人品，我想我這輩子是再也見不著第二個了，我非常懷念他，也祝他長命百歲。傅老師，您多保重。

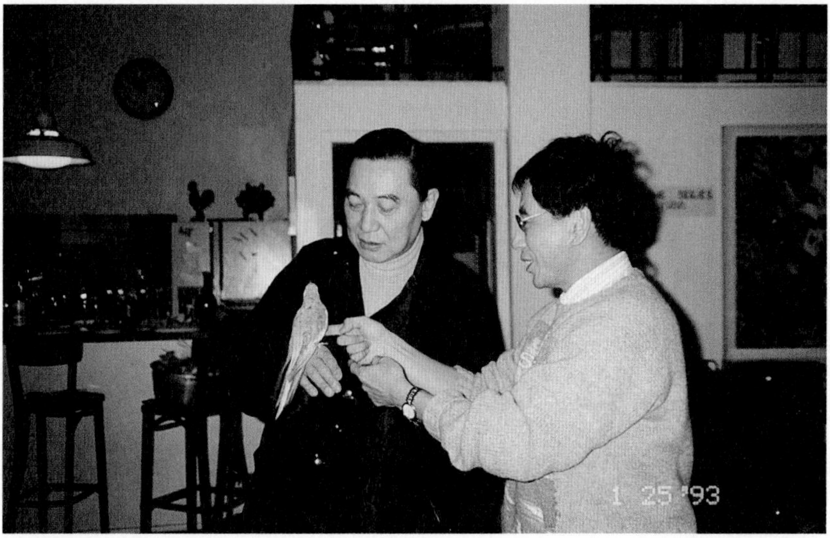

與鋼琴詩人傅聰在紐約合影。

周龍章與傅聰合影。

演員 ACTRESS

章子怡

ZHANG ZI-YI

China Doll。

條件不是最一流，
有命、時機又對了，
命裡有時終需有，
就誰也搶不了她的運。

十二、三年前，我有個港台電影行內無人不知、哪個不曉的好朋友王為（Norman Wang）。Norman在這個圈子可是往來無白丁，四面八方吃得開得很呢！人好能幹又神仙老虎狗什麼都來，個性又好、學識也高、卻從不搶風頭。Norman打電話來，準有好事，那天說是李導拍完了《臥虎藏龍》有個演員，到了紐約，因為在等主流媒體宣傳，所以有兩個星期的空檔，晚上想到「盤絲洞俱樂部」來玩，我當然說好呀，歡迎歡迎，先請她來餐館吃個飯吧，Norman說吃飯不用了，但先到餐館坐坐喝杯茶吧。

來了！來了！原來來了個章子怡，才二十一歲，個頭小小的，尤其那張臉只有巴掌那麼大，清清秀秀，說漂亮、說美可談不上，人真的和和氣氣，一點沒有電影界習性，但是有點刁蠻公主的脾性。當晚她玩得很瘋，在盤絲洞這樣的同志俱樂部裡玩，紐約有規矩你看中的go go boy要塞錢給他們當小費，於是我給了她一堆小鈔，整個晚上，她一張一張挑好看的帥哥小褲頭裡放，一直玩到午夜才送她回酒店了，第二天李導電話來了，說是謝謝我照顧子怡，其實章大小姐哪需要別人照顧，她可會玩得很呢！

中午吃了飯回我家唱卡拉ＯＫ，晚上我們乾脆帶她到男子脫衣舞院gaiety去瘋，舞者個個又高又帥下面又長，可把我們的大明星開心得玩瘋了，這樣我們一堆同志朋友每天陪著她吃吃飯、看看百老匯秀，無驚無喜的過了兩星期，高高興興送她回北京，珍重再見。可李安是什麼人物呀！李導的宣傳數第二是沒有敢認第一的，電影一上，媒體一捧一吹，老外看到了這樣一個China Doll驚為天人，小小的一個章小姐，一下子變成了天王巨星，當然我們的緣分也就此暫停，而章子怡的是是非非也跟著她身邊轉，像我們這些是朋友、不是朋友的過客朋友，看在眼裡也知道章子怡真的不容易，錢是賺到了，名是國際大明星了，可是那些背後的委屈，誰又有興趣去知道呢！這個圈子哪有這麼好混的，都要付出。

一直到二〇一二年，章小姐的名字和薄熙來的名字連在一起上了頭條，可剛好我們這兒在辦第三屆「紐約中國電影節」，章子怡也有兩部電影參加電影節，當時若是她出不了國，那可是要鬧出國際新聞來的。因此，為了闢謠，她堅持要來紐約參加第三屆中國電影節，而中國有關單位也批准了她的申請。開幕式上章走完了紅毯拍完了照，在酒會中我們算再次見面，相對一笑，唉！盡在不言中。我趁機問她她還記不記得十二年前我帶她在紐約到處玩的事。她居然若無其事地說：「不記得了。」唉！真是貴人多忘事，大家都不容易呀！

與章子怡看完歌舞劇《貓》後合影。

中國電影節，章子怡與周龍章準備走紅毯。

演員 ACTRESS

湯唯

TANG WEI

戲好！又有女人味！可惜還沒紅到頂。
現今嫁人去也，
但也不會放棄電影，
是一個天后的料。李安伯樂好耶。

小湯結婚了，嫁的是韓國人，嫁韓國佬好，省了很多是非。李導拍完《色戒》之後，在曼哈頓四十九街那邊配音及後製。他要我參加劇組，他先要我在中國城找一個會講標準台山本土廣東話的人，於是我就到中華公所找了一個人。然後，他就把湯唯也叫到劇組來，要我一個字一個字跟她磨上海話。

湯唯是杭州人，她會浙江話和上海話，但不夠標準。我雖然是台灣長大，但我們家從小就講上海話，我寄媽到台灣五十年，不會講普通話和英文，只會講上海話，所以，我的上海話不但特別好，還是老上海話，也是最純的上海話。李安就是看上我這點，就把我叫去劇組，教湯唯講上海話和廣東話。

幾天下來，我就發現，湯唯是聰明絕頂的女孩。她的條件比章子怡好。第一，她高；第二，她的臉很豐潤，不像章子怡那麼乾瘦；第三，她的戲很細緻耐看；第四，她有股悶騷味，非常女人。我就不知道為什麼到現在湯唯紅不起來，沒有像章子怡那麼紅。拍完《色戒》之後爆紅了一陣子，然後就沒有了。

有一說是她在《色戒》之中有脫衣服，所以被她的團隊打壓，不讓她拍戲。我認為這完全是鬼扯。演員都是要聽導演的，導演都不打壓了，還有誰能打壓？銀色世界拍個電影誰有空打壓誰呀！無論如何，湯唯就是紅不到頂，先是跟張學友拍了部小資本的喜劇戲，後來跟一個韓國男明星拍了部戲叫《晚秋》，宣傳得體，在韓國倒是闖出點名號。也是一砲紅，第二砲就沒下文了，明星要是紅，沒有戲拍照樣紅。你看這麼多人罵章子怡，她可是照樣紅，而且越被罵越紅。但是，我敢說，章子怡絕沒有湯唯那

湯唯與周龍章在《色戒》首映酒會。

與李安在《色戒》首映會上合影。

湯唯與周龍章在《色戒》首映酒會。

麼聰明。

有一次，我們劇組放吃飯。我們幾個和湯唯在一起。她一看到李安走過來，招呼不打，啪一下立刻站起來跟李安寒暄。可見，誰是誰，她分得清清楚楚。後來，等到片子上演了，首映會之後有個晚宴，沾李導的光我也參加了。那時湯唯在晚宴上豔光四射，對拍照或合照的請求是有求必應。乖乖的貼在李導身邊不慍不火，體貼極了，人又漂亮，不過，她畢竟高潮已經過了，因為她的年紀已經到了。拍《色戒》的時候她已經二十七、八歲，再這麼多年的話，一個女孩子妳若沒有hit the jackpot，過了三十就沒有什麼戲唱了。而且，她又不來事兒，像張柏芝、章子怡都是很會來事的，動不動就會製造新聞。另有一說是她遭到中國政府打壓。這更是鬼扯，妳拍個電影中國政府打壓妳的鬼喔。我跟湯唯是沒有私交的，倒是《色戒》首映的時候，李安給了我十張票。

湯唯是個很貼心的女人，有一次天氣冷，她看到李安，就主動把李安夾克的拉鍊拉上，這樣的一個小動作，說明了她的明慧。她跟梁朝偉拍的那場激情戲，我相信他們兩個是真的脫光的。但也是李導宣傳得到位，說到宣傳李導認第二就沒有敢認第一啦，梁朝偉脫又不是大事，他和張國榮的《春光乍洩》就是兩個大男生左脫右脫，脫對我們Tony來說根本沒什麼了不起，演員嗎，導演怎麼導我就怎麼演。

對於《色戒》，我唯一的意見是梁朝偉演的大漢奸，出出進進他老是皺著眉、低個頭，彷彿頭上寫著漢奸兩個字，深恐別人不知道他是漢奸。我祖父就是因漢奸的罪名被國民黨抓去關了兩年，那我祖父多麼八面玲瓏啊，黑白兩道、三教九流，他都吃很開。所以梁生的漢奸有點問題，但是導演要、觀眾吃你有什麼辦法呢！

這兩年湯唯要更努力一把了，《北京遇上西雅圖》都紅出了個吳秀波，怎麼會輪不到自己呢？不過既然現在老公也找到了，那麼就有戲拍戲，沒戲在家哄老公，樂得清靜，管他紅不紅，好！

王菲

歌手 SINGER

FAYE WANG

絕頂聰明。自我感覺好得不得了。
不論紅不紅都不假人以辭色，
冷造成的舞台魅力。
歌越唱越好，此曲只應天上有。

一九九二年秋，大佑在紐約跟我成立了一個音樂工場，辦公室就設456畫廊辦公室裡。那時候，他簽了兩個新人，一個是王靖雯，一個是娃娃，他把這兩位新人接來紐約受訓，住就住在法拉盛羅大佑的姐姐Jennifer Lo的家裡。後來，當年大佑當紅所以他得中港台三頭跑，就把這兩個新人交了給我。我每天開車去接她們，替她們找學校報名學才藝，送她們去上Barbizon表演訓練學校，瑪莎葛蘭姆（Martha Graham）舞蹈學校及私家的聲樂語訓練班，這樣子我鞍前馬後地服侍她們約有半年之久。

當年王靖雯又高、又瘦、也不起眼，人呢！又總是冷冷的，所以我對她一點興趣也沒有，只是大佑交待下來我按本子辦事而已。無所謂，我也不覺得她將來會紅，娛樂圈嘛！一副自以為是的高姿態那可怎麼混呢？娃娃呢！雖然二十好幾了，但行為舉止像個十四、五歲的小女孩，不停地叫我：周哥哥長，周哥哥短做小孩狀，現在也不知去了那裡。

王靖雯人本身倒是一直酷酷地。我不但白天陪她們到處接送學才藝上課，晚上一個星期中總會去看幾齣百老匯頂級的歌舞秀，當課上，有幾次還陪著王靖雯上現代舞課，我們未來的大明星對現代舞可一點天分也沒有，導師教她左邊扭二扭右邊扭一扭，王姊姊就是扭不好，也沒天分，把老師氣得不行，但將來要靠舞台為事業的，拚了小命也得學，用功倒是很用功，年輕好辦事，但始終現代舞這一塊沒學出個樣來，一直等到大佑回來了，不曉得王靖雯那根筋不對了，居然跟大佑說：「你不要這樣子對我們愛理不理地，將來我們可都是你的搖錢樹喔。」那這句話可把大佑得罪了。

他們兩個都是很有個性的，大佑是個一發不可收拾的人，王靖雯則是酷得不得了的鬼脾氣。那時大佑想，我是羅大佑喔，我還需要妳做我的搖錢樹嗎，於是他就動了要和王靖雯解約的念頭，他先公事公辦租了曼哈頓（Manhattan）希爾頓的一間房間，把王靖雯找了去，講明了要跟她解約。當時我勸大佑不要太衝動先看看再說，大佑說，我不和她解約，一年要投資五十萬在她身上。結果他們還是解約了。王靖雯妹妹可不在乎，大筆一揮之後，我們就在大佑的姐姐家裡開了一個派對，吃自助餐、唱卡拉ＯＫ歡送王靖雯。可是那一天晚上大家唱得很開心，但唱得最差的就是王靖雯。沒想到，她回到香港之後經過高人包裝，改名為王菲，居然大紅特紅，變成天后，紅到我們大家都嚇了一大跳，我們好多人都看走眼了，我就是頭一個。

最好玩的是，她成名之後，把羅大佑的姐姐Jennifer和周龍章都歸類為羅大佑一國，對我們不理不睬，老死不相見。當然春夏秋冬一過幾十年過去了，我相信她已不記得我是誰了，只記得在紐約學藝的時候有個又醜又矮的小年輕替她開車接接送送，誰也沒想到，像她這樣又高、又瘦、又乾，前面沒有，後面也沒有的女孩子，會成天后，而且一紅就紅了二十年。不過，我必須承認，她的歌後來的確唱得好，好聽極了，而且年過四十愈唱愈好。現在我車上還存著她好幾張ＣＤ呢！真是天使之聲，聽她的聲音開車就是個享受。

當年王天后還不成氣候的時候，跟她是有這麼一點緣分，但我們雙方始終沒有意願也沒有交上朋友，大明星來大明星去，幾十年我也看多了也不在乎，大佑有沒有後悔當年跟王菲解約呢？我告訴你，大佑這個人做事是不會後悔的。再一說，要沒有大佑的栽培，王菲能有今天嗎？我也實實在在告訴你，人各有命，有沒有羅大少我們的天后一樣會紅得發紫，命裡有時終會有。

但是呢！你以為藝人這麼容易紅嗎？這麼些年王菲所受的壓力和委屈也不是普普通通一個人所能承受的，老公也嫁完一個又一個，最後也不是守著女兒過日子。也不知是真是假，又再和小她十一歲分了又和、和了又分的謝小弟結合在一起了，再紅也都要付出的，沒有了自己誰也不值得羨慕，而這些天王天后們一紅就都沒有了自己，十個有九個誰都跑不掉，我們這些眾生旁觀者，無可無不可等著看一齣又一齣的「天后娘娘連續劇」，到底總是個女人，到底也四、五十歲了，大結局不會太遠了吧，希望是美麗大團圓，阿彌陀佛，善哉善哉。

王亮

雙簧管演奏家 MUSICIAN

WANG LIANG

我的小朋友，絕不勢利。
愛自己的藝術＋善良＋高貴＋有品味。
《紐約時報》說他是世界樂壇上
最值得關注有前途的一個音樂人。

在當今世界的管弦樂團中，由華人擔任首席樂手的很多，這個被稱為首席，那個也被稱為首席，好像多到不在乎了。但是，王亮是個非常特殊的年輕人，他大概三十才出頭。

很奇怪，我怎麼會跟這麼年輕的樂手有緣分呢？我們結緣是在譚盾乾媽Regina Cox八十大壽的派對上，由譚老爺介紹，至今約有四、五年了。我覺他在雙簧管的藝術上是全華人音樂家當中首屈一指的，但是，他的知名度很難提升。因為，雙簧管不像鋼琴、小提琴、大提琴，甚至笛子那麼流行。大的管弦樂團單獨為雙簧管設計的作品也不多。但這個樂器很需要功力，除了天賦外，沒有十年八年的努力是看不到成果的，在樂器中又不起眼，所以王亮是很不容易的一個。

王亮目前是紐約愛樂樂團的雙簧管首席。紐約愛樂樂團的指揮和團長Alan Gilbert非常欣賞王亮，和他私交也好，英雄重英雄吧。我因為是愛樂樂團的會員之一，所以我常常有票子可以看他們的演出，王亮也常送我票子。我本身不是個音樂人，也不太懂音樂，因此，這些票子給了我是有點糟蹋的。坦白說，我每次去看，多半是享受那種演出時的特殊氛圍。有個好處是我坐得住，而且很享受又美又柔又高級的音樂，音樂我是一點不懂的，鄧麗君的〈小城故事多〉還差不多，或者來段《四郎探母》也可以。

二〇一三年十一月，《紐約時報》給了王亮一整頁的報導，認為他是世界樂壇上最值得關注有前途的一個音樂人，那場演出我也去了，整整的半個鐘頭，王亮一個人在大樂隊中盡情發揮。雙簧管的音樂聽著就累死，不要說吹了，真難為他，台上一分鐘台下十年功呀！這一個曲子練出來，我看私下小王亮老師最少吹了一千次，王亮跟許多成名音樂家一樣，過的是演出完後即打包走人的生活，世界各地跑，所以社交圈子很窄。

王亮為人高貴，氣質也好，人一點都不勢利，像我這種音樂白癡他也可以做朋友，真難為他，他的爸媽在國內比較寬裕，所以有能力在紐約的河邊大道幫他置了一棟豪宅。王亮因為年紀輕，個子高，長得又好，又有相當的收入和地位，所以有一籮筐的女朋友，其中尤其以韓國美女佔多數。他帶出來的女朋友最少也有八十五分，而且一個接一個，可惜呢，他到現在還沒結婚。二〇一三年的時候，他差一點結婚了，已經動手要簽字了，結果女方有點變化又沒成。王亮加油！

王亮的母親是個小美人，好漂亮！小小的個子很有氣質，為了王亮的事業她犧牲了自己唱歌的事業，天下父母心呀！我很喜歡王亮的爸爸媽媽，人好好實實在在的，唷！算起來王大爺應該和我同年，我們都屬龍。

中國在紐約還有個知名的音樂人黃英，她是歌劇《蝴蝶夫人》的主唱，演的就是女一號蝴蝶夫人。每年中國春節的聯歡晚會若來紐約取景，黃英總是有一些鏡頭。她把王亮當弟弟一樣看待，也和號稱女郎朗的鋼琴家王羽佳一樣都是王亮的死黨。黃英也是上海人，每次碰到我總是跟我說上海話。但是，她與我並無什麼深交，因為像她這種鬼靈精，太了解我有幾分本事了。要捧紅像她這種國際級音樂家，我是做不到的。

和我親如家人的還有林昭亮的母親俞國華女士（Gloria Yu），她就住在曼哈頓的西區，為了照顧林昭亮，在丈夫死後一直沒有改嫁。林昭亮本人和妻子女兒住在德克薩斯州，除了有演出及教學，來紐約看他的母親的機會是不多的，這就是我常說的現象：孩子若有大成就在世界上成了名，就不屬於父母了，若是常在父母身邊的兒女，多半是庸庸碌碌過個日子、吃口飯而已。祝全世界辛苦的父母們健康長壽。

作曲家 COMPOSER

譚盾

TAN DUN

人精中的人精。
念舊，又懂人情事故，面面俱到，
對家庭孩子自己的事業都盡心盡力，
人緣極佳，
是華人藝術家教父級的人物。

有一些人對譚盾有點意見，他們不高興譚老爺得那麼多國際獎項，但譚盾一家都喜歡我，我也喜歡他們，連譚盾的乾媽Regina都喜歡我，尤其是他太太Jane，我們都是上海人，特談得來，一見面「儂好儂好」聊個不停，我也對她們很好。我必須要說的一點是，譚盾這個人有個開朗的心，他從不嫉妒什麼人。有一次在紐約大都會博物館他跟該館的藝術總監有場對話，他嘴巴非常有道德，他三分鐘捧一個人，他有顆寬厚的心。

他是以學生身分到哥倫比亞大學讀書。他到紐約，我已經做美華藝術協會會長多年了。他還沒有成大名的時候，他已經知道周龍章這個人了。他看見我總是喊著：「周大哥，周大哥。」或是「Alan！Alan！」親得很。就算現在每次回紐約來的時候，我們總是會見面，吃個飯，打個屁。他是音樂人，講他的音樂專業，那我是不行的，私底下我們從不談論音樂，每回音樂話題，一定是他在台上，我在台下，是粉絲，是聽眾。

他真是一個好爸爸，他有兩個乖巧的兒子，一個十五歲，Yen有教養得不得了，小小年紀已有大氣，待人接物也很有分寸，長得又好，就是愈來愈高，再不停止可了不得了，另一個才五歲。譚老爺很有家庭觀念，像李安一樣，譚老爺也特愛他太太Jane Wong，不論他在外面怎麼玩，但一回家，家庭就是排第一，老婆永遠至上，我叫他譚老爺或是譚大師。他老婆Jane也是個女強人，自己有個公司叫Ma Ma Be Cool，把自己打理得很好，全部精力都用在孩子和老公及公司上，從不打牌浪費時間，所以譚家永遠柔靜安詳，也讓譚盾沒有後顧之憂。她的公司專門教年輕的媽媽怎麼跟小孩互動，也出了不少的產品。

譚盾寫了《秦始皇》這齣歌劇，是第一個中國人在大都會歌劇院正式完成的一個原創歌劇，由世界三大男高音之一的多明哥主演，還有大都會的首席中音田浩江參加演出。首演的那天晚上，他送了我兩張第五排的中間位子，我姐姐喜歡音樂，所以我特地打電話給姐姐請她來看，她遠從明尼蘇達州飛來，就為了看這一場演出，當天就滿意開開心心的回明尼蘇達州去了。那天晚上四千五百個位子可謂座無虛席。後來譚盾經過整理在大都會歌劇院再次公演，依然一票難求，這在華人音樂史上是前無古人，後無來者。

譚盾在哥倫比亞大學有個老師叫周文中。周文中當初很看重譚盾，後來因為譚盾太光芒外露，跟周文中之間有點小問題。他的《秦始皇》確定在大都會歌劇院演出之後，譚盾親自拿了兩張最好的票子，跑到周文中家裡去謝恩。這證明了他的寬宏大量。

我不是音樂人，對譚盾的音樂只是喜歡聽、喜歡看（譚老爺的音樂和演出很有可看性），但我可以說完全不懂。他在台上撕紙頭也是音樂，洗手也是音樂，他在台上碰碰石頭碰碰竹板都是音樂。憑良心講，他一天二十四小時不時有鬼點子。我跟他的互動及友誼對我也有好處，為什麼呢？因為林肯中心戶外藝術節的製作人Janette Webster下來了以後，林肯中心的主管換了一批人上去，我等於要點點滴滴從頭做起。那時我跟譚盾商量，我說，你已經好久沒在紐約露臉了，我們何不在紐約辦一場你的戶外演出，讓經濟不是很好的人也能來欣賞大師作品呢？他老婆Jane聽了說，這檔事是賺不了錢的，言下之意並不太贊成。但是譚盾當場二話不說就拍案，他說：「好！你給我個日子。」結果選了二〇一一年八月十二日。

譚盾好好用功選了武俠三部曲，《夜宴》、《英雄》、《臥虎藏龍》三個武俠片的配音。表演現場是後面有個大銀幕不停地放映三個電影的過程，前面是個百人大樂隊在演出，由譚盾親自指揮。這些錢都是譚盾自己籌來的，可是這場演出的credit卻有我周龍章的份兒，有美華藝術協會的份兒。就這樣，我在林肯中心的戶外表演又混了進去。新上任的主管製作人Bill Bragan對我能請到譚盾可是刮目相看，我算是再次站住了腳跟。

第二年我又請了台灣的九天民俗技藝團，出席林肯中心的戶外藝術節，是要花上一大把銀子的差事。但是台灣願意呀！為了一個戶外五十分鐘的演出，台灣政府花了五十幾萬美金，可惜效果卻不太好，愛台灣是一回事，宣傳是一回事，演出又是另一回事，到紐約這塊藝術之都可不是幾句愛國愛台灣的口號就唬得住的。成功如譚盾，他對於在台上每一次的大小演出都是全力以赴，絕不放鬆，回回見真章，所以成功不是天上掉下來的。

與譚盾合影。

與譚盾練習鋼琴。

譚盾探班阮兆輝演出寶玉哭靈。

作家&戲曲藝術家 AUTHOR & PERFORMER

余秋雨 YU QIU-YU

馬蘭 MA LAN

馬蘭說：「不好玩的人不交往」。
借她尊口，我應該是好玩的人。
不過，網民罵他們，
我也就被波及。何德何能。

當今大陸文藝界余秋雨的大名不管你認不認可他，可都是家喻戶曉的一個名字，喜歡看書的也不大可能沒看過余老師的作品，我跟余秋雨老師認識是因為他有一年應華美協進社（China Institute）之邀來亨特學院（Hunter College）講學，不知為什麼，華美協進社一定要跟我們美華藝術協會加入和它合辦，所以我就有這個機會接近他並認識他。正好，他講的題目都是中國戲劇和文化之類的，很合我的脾胃和路數。

余秋雨的英文程度等於是零，不但不能說，別人說的他也聽不懂，他的演講當然是用的是中文（北京話）。那天他演講完後，我就請他們夫妻和華美協進社的主管老師們在山王飯店開了一桌。藉由那次的餐會，我就跟他比較熟了。

而且，我發現他的太太馬蘭是從八〇年代到今天的大陸黃梅戲皇后她的《牛郎織女》中的織女以及她演的《紅樓夢》裡的賈寶玉真的可以說是玉塑神雕，漂亮得不得了。她個子高，帶一點小男孩的味道，長得又漂亮，唱得又水又甜，往台上一站十足是書裡面跳出來的寶二爺。當初要是李翰祥早發現她的話，哪還有凌波的份呢？而且，最難得的是，她是舞台出身的。舞台出身的太難了，一站出來整個氣勢就是不同。馬蘭平易近人，跟她在一起很好玩，她自己也說她只跟好玩有趣的人來往，不好玩的人她不交，當然我就屬於好玩的人之類的啦，哈哈！

第二年，我到上海去。余秋雨老師就找我，要回請我吃飯。那時，金采風老師和崑曲小生尹繼芳

（不是我的老師尹桂芳）也要請我吃飯，我就先赴金采風和尹老師的約，晚上再去余老師那邊，還帶了我的男友算是我的助理一起去。

馬蘭能夠得亞洲最傑出藝人獎，當然是我向她提的。她是屬於全國性的人物，這種人是請都請不到的。馬蘭得獎的那年，另一位得獎者是大陸的崑曲大青衣張繼青，她倆可都是真金不怕火煉的人物。

余秋雨現在是億萬富翁，所以馬蘭得獎的那年，她想搬個戲班子來紐約演出，可是我想了之後覺得不妥。第一，時機已經不對了；第二，妳唱的是黃梅戲呀！安徽黃梅戲不管怎麼說都只是個地方劇種，在紐約要真的正正經經地推地方戲可不是一件簡單的事，馬蘭好，當然好極了，但以整個國家機器捧京劇捧了幾十年，除了自娛自樂外，在海外的成績到底如何是看得到的。當年梅大師來美演過兩場戲，回國後說他征服了百老匯，征服了紐約，我倒要問問他征服的是哪個百老匯？哪個紐約？

馬蘭老師如果真的搬個班子來，哪裡去找幾千個觀眾啊？更別說簽證的問題有多複雜了。再說，黃梅戲的演出，是要大佈景的，有佈景就要有後台管理員。這都是麻煩事，我老了，有心無力了，高峰也過去了。

台灣來的演出比較好辦，因為文建會會大動干戈負責處理許多事情，像王海玲、徐露、紅虹、嚴蘭靜等，都是由文建會出錢，那時候台灣又有錢，可以為了一場戲派出四、五十個人。現在不一樣了，文建會在紐約已派駐代表，近幾年又成立了文化部，有些事已經輪不到我周龍章了，也沒有必要了。但是馬蘭我愛她，現在台面上所謂的黃梅戲名角沒有一個能和馬蘭相比的，她是特殊的高層次，唱地方戲沒有一點土味，那麼高雅那麼無邪，紅了這麼多年一點風塵氣也沒有，後繼當然一定有人，但再出一個馬蘭可不容易了。

余秋雨和馬蘭夫婦感情非常好，他們無時不刻地都是十指相扣，捨不得分開。二〇一二年時，我和黃寤蘭去北京、上海走了一遭，余秋雨知道了，一定要找到我請我吃飯。他的弟弟在永嘉路、襄陽南路口開了一家名叫「點石齋小宴」的上海菜餐館，余秋雨的大宴小酌大部分都在此地舉行。一個晚上吃下來，我真是齒頰留香，至今仍懷念不已。海峽兩岸的文人中，能像余秋雨這樣愛情、事業兩得意的恐怕數不出幾個。

歌劇表演藝術家　PERFORMER

彭麗媛

PENG LI-YUAN

很四海又平易近人，
漂亮加個頭加氣質，加她的努力用功，
造就舞台魅力。
安排她最後一場
林肯中心的公演是緣分。

我這輩子製作過的最大規模演出，當屬彭麗媛主演的《木蘭詩篇》。這是齣大型歌舞劇，光是台上的合唱團和管絃樂團團員加起來就超過兩百人。可是，隨著彭麗媛從北京來紐約的團員連作曲家關俠在內也不過二十三人，要怎麼製作這個超大型的演出？

幸好，我是個獨上高樓的人，任何困難對我來說我都不怕，而我一路走來，之所以有今天一點點小小的成就，也是因為我這個初生之犢，一向膽大妄為，碰到好的案子，從不知害怕是何物。

二〇〇五年中秋節左右，我一個重要的機會終於來了。因為我們美華的申請紐約林肯中心答應臨時抽調檔期，推出彭麗媛主演的大型原創歌劇《木蘭詩篇》。

這件美事能夠促成，要感謝我們美華藝術中心主任王凱杰。他原本是《世界日報》的記者。由於他是福州人，紐約華埠又有個福州幫，他就被分配到專跑福州幫的新聞，順便也跑美華藝術協會。因為業務上的關係，我和他也成了好友。後來，他辭去《世界日報》的工作，自己去開了家餐廳，但生意不怎樣，他就跑到北京去謀發展。

這時九〇年代正是中國國力快速發展的時候，美華藝術協會為配合風潮，的確需要在北京有個代表。所以，王凱杰跟我一提說他願意做為美華藝術中心在北京的義務代表，我自然樂於同意。只是我萬萬沒有想到，他居然能夠請到當今中國的準第一夫人。

彭麗媛演出《木蘭詩篇》，劉爽演出男一號「劉將軍」。

彭麗媛演出《木蘭詩篇》謝幕。

中國第一夫人彭麗媛與周龍章。

準第一夫人要來紐約演出，我們的團隊真是一個頭兩個大。幸好，這回中國駐紐約總領館沒像上次張君秋來紐約演出一樣派員監視我在舞台上的一舉一動。相反地，他們對我們是完全放任和完全配合。唯一的要求，就是隨時要有保鑣保護在彭麗媛的身邊。王凱杰自然從北京隨侍來紐約，而且成了彭麗媛的司機，我的那台破賓士黑頭車，也飛上枝頭當鳳凰，成了臨時的「元首夫人座車」。

合唱團員的問題較好解決，我和凱杰找了大紐約地區的華人合唱團如「海韻」等來幫忙。這些華人都非常樂意有機會上林肯中心，而且也不收取酬勞。接下來是管絃樂團，我們找了紐約愛樂交響樂團的四十五名團員。經過幾次排演之後（由姜金一指揮），一切進入情況。

但就在開演前一天，狀況發生了。我接到紐約愛樂的電話說，他們的四十五位團員都是經過簽約的，如在外面演出必須先經過紐約愛樂的同意及批准才行。因此，演出必須取消。我聽了當下嚇得魂不附體。離演出就差幾十個小時了，我哪有本事再去找另一團人？這不是要我的命嗎？沒辦法，我只好打電話找我的律師，然後我們兩人親自跑了紐約愛樂一趟。當然，我是擺出了求爺爺、告奶奶的姿態，好說歹說地請他們高抬貴手，放我們一馬。經過幾十分鐘的斡旋之後，他們終於首肯，但表明下不為例。這時，我的心臟再跳回我的胸腔裡，不住地感謝祖上有德。

二〇〇五年是聯合國成立六十周年，彭麗媛的《木蘭詩篇》適時推出，自然吸引了紐約市所有權貴的目光。演出是不賣票的，但所有的票在演出前好幾天就已被索取一空。那天的盛況，不是用「冠蓋雲集」四個字所能形容。中國的外交部長，駐聯合國大使、副大使，紐約總領事等，全員到齊不說，聯合國的許多各國使節，美國音樂界的大佬，和中國在美國的許多知名運動家和藝人（如譚盾、王玉清）也都全數到齊，而林肯中心也在演出完後舉行盛大的慶祝酒會。酒會的主角當然是彭麗媛、作曲家關俠和指揮姜金一三人。而當天彭麗媛也得到了第二十四屆亞洲最傑出藝人獎。

我只能說，這是華人在紐約很光榮的一刻。而居然讓我辦到了。

我跟彭麗媛既不沾親也不帶故，我只是她生命中許多演出製作人中的一個。她尊我也不卑，但我非常感謝她。她為我們美華創造了一個新契機，注入了新的源頭活水。現在她這萬目所視的位子，外表看人世間的所有風光全給她佔住了，但這是個非常辛苦勞心勞力的地位，所受的壓力也不是外界的人所能想像得到的，難得她不亢不卑不慍不火，真不容易。

京劇表演藝術家 PERFORMER

童芷苓

TONG ZHI~LING

生不逢時，
文革不來的話會成大角。
童老師的東西可不是要學就學的，
她是真正的中國戲劇表演藝術家。
我就是認為她比梅蘭芳要好。

老一輩的京劇藝術家之中，與我有過過從的大有人在。但是，過從最密，而且影響我最深的，非童芷苓老師莫屬。童老師雖然往生已經十幾年了，她對我的影響，仍然呈現在我的每日生活中。

中國的文革二十年，對童芷苓造成了莫大的損害。她因為不見容於毛婆江青，被打入牛棚，過著非人的日子。四人幫倒台之後，她才被放了出來。那時，她住在上海。平素騎自行車的時候都不忘隨時吊嗓子，企圖東山再起。旁邊的人見她沒事自個兒伊伊哇哇地唱個不停，還以為她是個神經病。她不管，慢慢的把功一點一點練回來，她義無反顧，要再上一層樓。

一九八二年，她的機會來了。香港有個京劇大匯演，許多中國的成名要角都受邀。她掛頭牌帶著梅葆玖等八十二人殺到了香港。在兩個星期的檔期之中，她一連演出了《武則天》、《紅娘》、《尤三姐》、《王熙鳳大鬧寧國府》等，她的拿手好戲，場場滿坐，大受好評，可說徹底地征服了香港的觀眾。正巧，我也是在場的觀眾之一。為了捧梅葆玖、童芷苓等人，我和鮑太太胡權女士等二十四位票友組團從美國飛到香港，天天看戲，在演完之後與演員的互動之中，我自然地認識了童芷苓。童老師聽說我來自紐約，就對我特別感到興趣。

童老師的戲路，比較接近大花衫一派。她演溫婉貞淑的青衣是不太對工，演個青春年少的花旦又嫌年紀大了些。但是要演一個刁鑽、潑辣、慧黠，甚至有點癲狂的中年女人，那她可是個中好手。因為我和她同是上海人，扮相、戲路又十分相近，我就興起了拜她為師的念頭，而她也很快地一口允許。我的拜師大典是在香港的一家酒樓舉行的，席開七桌，場面盛大空前。後來，她回了上海，我回到紐約，我們之間保持書信的聯繫。

童芷苓有個女兒叫童小苓，也喜歡唱戲，當時功力介乎內行和票友之間。因為媽媽是大明星忙得不得了，沒有真正照顧到小苓的戲，我和小苓認識之後，很快成為好友。她結過兩次婚，在紐約學服裝設計，後來加入了一家名牌服裝公司，專做與中國及印度之間的服裝生意。小苓跟我是哥們兒，我們倆沒事就會湊在一起，什麼都聊亂說，而且我們經常結伴一起演戲、排戲，成為兩人一體。

一九八三年左右，台灣的郭小莊要唱《尤三姐》和到林肯中心演出《白蛇傳》，她在身段上有些疑惑，便找我幫忙。我為了幫她，二話不說，專程飛去上海跟童老師學了整個戲的唱作身段，然後再轉教給她，當然童芷苓的東西可不是要學就學的，她是真正的中國戲劇表演藝術家。

童老師後來依親也來到紐約。我們師徒倆一搭一唱，倒也做了不少事情。如：我們到聯合國去向一群老外解說中國古典戲劇之美，並做當場示範。這看似簡單，實際上卻是一件非常不容易的事。中國的京劇名家多如牛毛，但能在聯合國表演者，也唯有童芷苓而已。至今我仍留著當時外國媒體讚揚我們的報導。那日最後我還和童老師合演了一段追舟，她演小尼姑，我演老漁翁，一來一往可真過了癮了。

內舉不避親，童芷苓和江青同時得到第三屆的「亞洲最傑出藝人獎」。得獎對童老師是非常重視的，因為傳回大陸太大的實質意義，她平素以唱戲自娛。但是，她對她自己的分量還是很有堅持的。有一次，她與上海戲曲學校出身的黃正勤唱《金玉奴》，票子印好了，上面印的是「童芷苓、黃正勤」主演。她一看之下勃然大怒，說：「黃正勤有什麼資格跟我童芷苓一樣掛頭牌？」立刻要求我重新印過。我拗不過她，只好重印。等印好了還得一張一張到處送，才能吸引一批觀眾。

那一陣子，童老師看到李寶春到了台灣大有發展，非常羨慕，也興起來到台灣表演的念頭。她知道，在台灣，她還有一些當年在大陸上聽過她的名號，或看過她的戲的觀眾。台灣的文建會終於讓她如願，請她到國家劇院演出三場戲。她知道之後高興得不得了，認為這是個出名兼賺錢的大好機會。今天回想起來，我非常後悔沒有阻止她去台灣，如果她沒去的話，她會是一個一直高高在上的京劇表演藝術家，維持她崇高的地位。可惜她去了台灣之後，反而有些不美之處。

童老師和童小苓到台灣的時候，是我早二天先到台北打點做先頭部隊，而後帶著記者親自去中正機場接她們的。童老師要好所以她到處拜會。聯合報的創辦人王惕吾給了她一星期的宣傳，她十分感激，可惜的是，她唱《王熙鳳大鬧寧國府》的前一天晚上，得了點風寒，臨時還得到一家診所去吊點滴。第二天她上場時嗓子就少了點水音，讓有些觀眾有點失望。那天晚上，台灣兩任行政院長郝柏村及李煥都也是在場的貴賓之一。

台灣有個名人名票友叫朱婉清，做了一件有點過分的事。她請童老師唱《尤三姐》，做為開鑼戲，

周龍章於上海童家見童芷苓。

周龍章親赴上海向童芷苓學戲。

自己卻大剌剌地和李寶春唱《女斬子》作為壓軸。你說世上有這個道理嗎？還有個自稱戲劇家的也來瞎起哄，要組個什麼「童芷苓國劇社」，由她自任會長。

唉！童老師呢？聰明一世，糊塗一時，人總有盲點，她在文化大革命時期在牛棚裡整整十二年，什麼苦沒有吃過？浪費了人生最好的一段歲月，她不服氣要追回來，結果就有了盲點，反而被人鬧出這些事來。幸好的是，她自己並沒有在意。童老師晚年好不容易賺到了一些錢。在紐約皇后區東買一個西買一個小公寓，準備好好過日子享享晚福，而且小苓又爭氣，戲也一天一天在進步，為人也正直，努力有原則，長得漂亮，又嫁得好，兒子也孝順，童老師老來安慰，誰知一場大病迎面而來，我帶著徐露趕到醫院，徐姐替她祝福禱告唱聖詩，在病床前老師歸了主，但第二天童老師就走了。萬般皆是命呀。

我的第二任妻子王敏，是童老師的學生，我的婚姻可說是童老師介紹和一手促成的。所以說，無論是在生活上或是舞台上，我都跟童芷苓有不可分割的關係。我知道一些傳統票友如陳彬聽我大捧童芷苓都大搖其頭，在他們的心目中，只有梅蘭芳才是真正的大師。有關這一點，我曾請教過上海崑劇院的團長小生蔡正仁，他說：「童芷苓是荀派花衫之最。」余秋雨也有類似的看法。哈哈，德不孤，必有鄰。我認為梅大師木木的，根本不是一個很能演戲的人，年輕時唱兩句還可以。可是有什麼辦法，人家的命就是好，神台上的神仙，不需要動，每天就有人來拜他。而童芷苓是真會演，什麼都能演的入骨。所以我就是認為童芷苓比梅蘭芳好。而且不只是好一點點。怎樣？

戲曲藝術家 PERFORMER

裴豔玲

PEI YAN-LING

女生男相的國寶。
唱孫悟空、鍾魁、哪吒，
天下無敵，空前絕後。
出不出第二個裴老師的，

我愛裴豔玲，我愛裴老師，認認真真唱戲，規規矩矩做人，這就是我的裴豔玲老師。

九〇年代，裴老師到香港四進四出，那時候國寶不多，但香港的戲迷就是稱她為國寶，風靡了多少戲迷。好幾次她在香港唱戲，我都會同鮑太太胡權女士她們一同專程去香港捧場。裴老師本工是唱河北梆子，也唱京劇。裴老師是個怪人，一百年也出不了第二個。她是女生男相，而且她的舉止行為，都像是個男人，裴老師她平素也喜歡跟男孩子交朋友，以戲為友。裴老師是一個為戲生、為戲活的藝術家，和名利一點關係也沒有，就像李安愛電影。

她那身武功，不知怎麼學來的？你看，她能文能武，能勾臉，能素妝。女人唱孫悟空的很少，女人唱鍾魁的更不可求，她唱《鍾魁嫁妹》。女人唱《林沖夜奔》的也很少，因為女怕《思凡》，男怕《夜奔》，這都是難度很高的戲，但是她都能唱。她從來不唱旦，因為她不像旦。她能唱花臉，也唱哪吒，她就是個假小子，平常人們也稱她為假小子，Tomboy。

她為人非常非常好，她在石家莊，所以要來紐約上林肯中心的舞台領獎非常費事。她是唯二的沒有親自來領獎的得獎人，另一個就是我的老師尹桂芳，尹老師是病了，不良於行，在紐約我們組團，二十七個尹迷一起把獎座從紐約送到香港。裴老師的「亞洲傑出藝人獎」也是我親自送到大陸給她的。後來，她倒是參加了大陸的一個綜藝團來紐約，要獨自表演五、六分鐘。那時候，她只要求一張商務艙的機票，我都已經找好香港人來贊助這張機票了，可是她還是運氣不好沒來成。

裴豔玲與周龍章攝於台北。

左起：葉青、周龍章、裴豔玲。

我跟她互動比較多還是在台北。新象請了她來台北，我帶了我爸爸專程去看裴豔玲的。她打電話給我問候我爸爸，因為我爸爸是個戲迷，很懂戲的。她說跟老太爺談戲，覺得台灣懂戲的戲迷真多，唱《夜奔》她是唱崑的，她說全世界最棒的崑劇觀眾在台灣。

很多人問我，裴豔玲好在哪裡？我認為，她好在文武崑亂不擋。她能唱男的，能唱女的，能唱老的，也能唱小的。老生她唱余派，武生她唱蓋叫天的蓋派。武生她更紮實了，她可以四個桌子上翻下來，這不是普通人能夠做到的。「空前絕後」呀！

京劇表演藝術家 PERFORMER

梅葆玖

MEI BAO-JIU

除了頭上頂個「梅」字。
上得去也下得來，
梅老師人是絕對的好人，
維持住梅家的氣勢。

一九八九年紐約的戲劇界，真是空前絕後迎來了一件大事，那時候國內還沒有怎麼開放，戲劇演員們想到美國來，尤其三〇年代梅大師來美登台後，一直當神話一樣的在宣揚著，誇大著，想在紐約的舞台上站這麼一站，那可是上了神台的大事，就在那年唱青衣的梅葆玖帶了他姐姐葆玥及他夫人登上了紐約林肯中心的愛麗絲大廳的舞台上，在紐約文化局的局長手中領取了「亞洲最傑出藝人獎」（most outstanding Asian artist award）。在相隔四十年後，海峽二岸戲劇重量級的演員，首次在大西洋的彼岸，坐下來互相討論中國戲劇的何去何從。梅老師首先發言，接著是我的老師童芷苓及台灣第一老生胡少安。

在當今中國，葆玖一家可以說是全國最後的一個貴族家庭。他雖然不是什麼王公貴族，可是他們家裡保持那種貴族家庭的氣派、規矩、分寸、氣度及層次，那是大家公認的。講梅葆玖的話不能不講到他的爸爸梅蘭芳吧。台上一齣戲，台下一齣戲。梅家台下的這齣戲比台上的一齣戲唱得漂亮得多了。說起來，他們梅家是佔盡了天時地利。梅蘭芳在生的時候，普通老百性過日子娛樂少，整個社會，整個氣氛是宣揚京劇的。白天工作，晚上就去戲院子聽聽戲，到他往生後，文化大革命才發生，否則像他這樣的人物是一定會被整肅的。

梅葆玖是沾他整個家族的福氣，一輩子就是個梅派傳人，什麼都不敢動了。碰到什麼要說話的場合，只會說，好，好！好！不容易，不容易。八十歲的梅老師他現在中國的京劇界是個頂啊，誰也不敢動他。他也寂寞呀！聽多了那麼多不實在的馬屁話，有什麼意義呢，幸好他有個盧燕阿姨三天兩頭在北京陪他，真比親姐姐還親，這也是他修來的福氣和Lisa的緣分。

葆玖到紐約領獎的那年，不但他太太來了，他的姐姐葆玥也來了。我把梅葆玖老師託在一個票友Nancy賈的家裡。結果住進去那天，梅葆玖有時差累了，就先去睡覺。Nancy二話不說，就跑去他的房門外聽壁腳。她先生問她說：「儂做啥啊？」她說：「我要聽聽看梅派打呼是怎麼打的。」你說好不好玩？幾年後葆玥往生，我還為她在紐約作了個紀念演出。那真是一個規規矩矩正正派派大戶人家出來的好女人，中華兒女都應該以她為好榜樣，一點不和她弟弟搶風頭，氣質又好，我有幸和她相處幾天，真叫人舒服極了。

梅蘭芳在我看，是被刻意捧上神台的一個人物。共產黨捧他，是因為他在解放後，新中國大事未定，而他在延安第一個發表談話，要求梨園行、全國藝術界支持共產黨。他自已本人當下簽名也加入共產黨，這份談話製作成影片，不住地播放。也就因為這份談話，讓梅家富貴了三代。

舊社會唱戲吃開口飯的都是上不了檯面的低層人物，所謂的戲子、婊子、叫化子，多苦呀，下了戲任何大角誰也不能不陪著地方上有力人士吃飯打屁，共產黨新中國來了改變了這一切。今天每一個中國戲劇演員出出進進都變成了表演藝術家，就這一件事情來說，共產黨是有貢獻的。而梅家的教養，氣度，尤其真正不凡，不得不讓人欽佩。他們個個都自愛，在當今這不公不義的社會裡也是太難得了，真的不容易。

梅葆玖贈送梅蘭芳貴妃醉酒人偶給周龍章（全球限量 1000 個）。

首次國劇座談會，左起：梅葆玥、胡少安、梅葆玖、童芷苓。

張君秋

京劇表演藝術家 PERFORMER

ZHANG JUN-QIU

晚紅了幾年，因此成了四小名旦。
藝好人好，忠忠懇懇養活了全家人。
對人好，對自己不好。
今天已經無旦不張。

在我這幾十年做這份工作，請了海峽兩岸這麼多演員，明星，藝術家，戲劇家的過程中，無可否認地，我能夠請到張君秋到紐約，是我生命中的一個highlight，一個高潮。

也是我的工作史上最輝煌的一頁。他和顧正秋的到來，已經不是一個華人社區的活動，而是華人世界的一件大事。無可否認地，他在中國大陸是一個國寶，一個無可動搖的國寶。張君秋德藝雙全，他真的是個好樣的京劇演員。那個時候，的的確確是「無旦不張」，要不是中國共產黨捧著梅派的話，張君秋早就把梅派完全打掉了。沒有一個學京劇旦角青衣的人，不是以張派為主的。因為他多采多姿，因為他嗓音好，裡面的花樣多，轉彎抹角的。當然，現在批評張君秋的人，就可以說張君秋太俏，梅蘭芳雍容大度。其實呢，真的講唱的話，張君秋是真的有一套。我也真是運氣好，命也好，當年能夠請到張君秋到紐約來。那時候，我真的是初生之犢不畏虎，逮誰就請誰。

那個時候中國大陸的演員到美國真是一件大事，沒有像現在這麼方便的。整個中國剛剛開始開放，也沒有這麼多中國人在美國，所以，張君秋能夠到紐約，到林肯中心，領取由紐約文化局局長親自頒發給他「亞洲最傑出藝人終身成就獎」，在一九九〇年真是華人世界不尋常的大事。奇怪只要時機對，這種事都給我辦出來了。

我是先到香港，把張君秋的三張機票的問題解決。為什麼是三張呢！因為張老師真是如假包換的國寶，而且年紀也不小了，總得有人陪著，所以請他太太謝虹雯及一個學生蔡英蓮陪著過來，其他方面，我沒有做什麼大的準備。因為他也沒有帶一個大團隊來。那時候大陸實在是太苦了。現在大陸的大角來，都是五星級招待，都是limousine進，limousine出，那還不夠呢。

可是張君秋來的時候，我是開著一輛小破車去接他們的。他的老婆謝虹雯，他的弟子蔡英蓮。一接來之後，他們就住在我的小公寓裡。張君秋和他的太太睡在我的臥房裡，他的學生蔡英蓮和我就打地鋪睡在我的客廳裡。住了兩天之後，實在覺得有點不像話，我就找到計阿姨，她有個別墅在紐澤西和紐約的交界上，我就讓張君秋他們搬過去。計阿姨是做股票的，張君秋住在她家的兩個禮拜，她不能做股票，也可以說是有點損失。過了兩天，顧正秋和她的兒子就殺到了，她們住在中央公園旁的Plaza Suite Hotel。因為張顧兩人領獎當天都不唱，所以帶的人都很少，但是全美加各地的票友就趕到紐約來拜見這兩位大師。

領獎那天晚上唱的是紅虹的《刁蠻公主》，紅虹從台灣帶了個四十五個人的粵劇團來紐約表演。我的壓力之大，簡直無法形容。我有一隻耳朵聾掉，就是那次奉送給他們的。你看我的左耳，有百分之九十聾掉了，所以我每次同你講話，都要站在你的右邊。

張君秋真是個大師，他不但人品好、戲好，張派存下來的《狀元媒》、《秦香蓮》、《望江亭》有一大堆戲，所以梅、尚、程、荀之後，還出了一個張派。這幾個派別，再以後就旦角而言沒有人能成派了，時代也變了，可說都是天時地利人和湊對了的。

梅蘭芳（前排坐者），後排站立著為張君秋和他的妻子謝虹雯。

在紐約，我接了他之後，一堆票友到我家，我準備一些吃的，大家熱鬧一陣子之後，就要準備睡覺了。這時候，他太太就跟我講了：「龍章啊，你把我們請來，我們也都來了。每天的零用錢你一定要為我們準備好的喔！」我那時不太懂這種規矩，但她既然開口了，我當天就給了她五百塊美金。

我這一輩子最愛中國，也從來沒反過共，也跟政治搭不上一點關係。但是張君秋領獎的那年，因為有張君秋和顧正秋同時領獎，又有被台灣棒為反共藝人的紅虹來演廣東戲《刁蠻公主》，中國領事館那邊就很緊張，就派了他們駐紐約的文化參事王家棟在後台盯著。王家棟是個老共產黨，也是個愛國忠黨的老好人、老頑固，他認為中國的國寶紅線女的女兒紅虹，突然變成反共藝人來紐約宣慰僑胞，是件奇恥大辱的事，他這種觀念是無法改的。那時候，我又要招呼顧正秋這個大腕，又要招呼紐約市的文化局長，一下子又要打點謝鴻雯和蔡英蓮，都是靠我一個人呢。我哪裡忙得過來啊。

那個王家棟領事在後台盯著我，一下這個不准，一下那個不准。外面觀眾全到了，戲也馬上要上了，林肯中心那邊的人又催得緊，搞得我沒辦法只好向他下跪，我說：「我不過做一個工作，我有很多人必須交待，您就讓我過了這一晚，好不好？」王家棟那個死忠老實的共產黨員這下子，可也嚇壞了。後台這麼多演員，那麼多媒體在那兒，怎麼美華藝術協會的會長就當眾跪在他面前？

後來，我想到一個解套的法子。我跟文化局長建議，開戲前先頒終身成就獎給張君秋和顧正秋，頒完獎後，先請計阿姨把張君秋送回家，然後紅虹的《刁蠻公主》演完後，再頒亞洲最傑出藝人獎給她。

沒想到，紐約文化局局長Mary Chainball也是一個老實女人，居然答應了。一直留著看完《刁蠻公主》頒完獎再走，三、五個鐘頭下來也真難為了她，往年文化局局長都是頒完獎，到一到拍完照就撤了。

那時候，正是台灣最有錢的時候，所以第二天，顧正秋就在五星級的Plaza Hotel大廳的上面替我請一桌慶功。那時候，我就跟顧阿姨說：「妳這桌一定要加一個計阿姨，沒有計阿姨的話，張君秋這個老祖宗我是沒辦法安排的。」顧阿姨聽了當然說好，雖然她並不認識計阿姨。

顧正秋見到了張君秋，當然是「老師長」、「老師短」地沒完，說：「再也認不出您了」。他們兩個止不住地談京劇，我最記得的是顧正秋跟他談全本漢明妃，其中有一句唱詞是：「恨君王……」張君秋說：「恨這個字不妥。第一，君王派妳去和親，妳只能怨，不能恨。第二，君王後來又疼妳王昭君了，妳還恨他嗎？所以，這個字應改為怨君王。」就這樣，一字之差，他們都可以討論好久。那時候，因為京劇沒觀眾，大陸有一大批人要改良京劇，台灣也有一些人樂此不疲。張君秋和顧正秋認為，改良京劇要改了之後變「良」，要是改了變「不良」，倒不如不改。所以，首要之務，是要先把傳統先唱好，基礎打好，才能再談如何改良。

顧正秋為了領這個終身成就獎，那時也是台灣經濟最富裕的時代，台灣的文建會花了多少錢呀，更為她印了一大本專輯。顧正秋本來是要在林肯中心每一位觀眾發一本，我認為不妥，就跟顧阿姨商量。我說，張君秋只帶了幾張明信片，妳公然發這麼一大本專輯，豈不是要把你老師他給比下去了。所以，這本專輯就改在慶功宴和劇迷聯歡會上發，大約有兩百多個票友每人領了這本專輯。張君秋也無可無不可地發他的明信片。

張君秋是老派藝人，他們那個時代的人，多半會一點詩琴書畫。在來美國之前，他的老婆謝虹雯就準備了許多張君秋的親筆書畫，到了紐約之後，就每張三百、五百美金地賣。賣完了之後，票友們還熱情的要，所以我就在中國城買了毛筆和宣紙，讓張老師在紐約當場畫。畫了再賣，賣了再畫，還有張師母也來者不拒的收紅包，當年是有這規矩，演戲的到了一個新碼頭戲迷票友是很樂意送紅包的，所以那次來張師母是袋袋平安的。

張君秋老師是個忠厚老實的人，也不太會講話。他除了在舞台可以盡情發揮之外，他這一輩子就是掙錢，掙了錢後養活了這一大家子。回北京後沒多久就往生了，後來蔣宋美齡一百歲大壽，我們也請了張學津老師唱馬派的來紐約唱《龍鳳呈祥》替蔣夫人祝壽，張學津是他和他的父親張君秋是唯一的一對父子相隔幾年在同一個舞台上，從紐約文化局長手中得獎的。另外有一對母女是紅線女和她的女兒紅虹。那些都是當年中國戲劇界的盛事大事。

我第一次見到張君秋是在北京，我去是特地為了跟他提領獎的事。一直到他表示他有意願出來，我才意識到得「亞洲最傑出藝人獎」對他實是不敬。為什麼呢？因為，一九八九年，梅葆玖就得了「亞洲最傑出藝人獎」，梅葆玖是張君秋的晚輩又晚輩，他既已得了「亞洲傑出藝人獎」，張君秋總不好也得

雙秋會，上排左起：任祥（顧正秋女兒）。下排左起：謝虹雯、張君秋、顧正秋。

和張君秋夫婦合影。

同樣的獎吧？所以，我就想出「終身藝術成就獎」，從一九九〇年，也就是我們從事頒獎活動以來的第十周年，頒給張君秋、顧正秋。

從那一年起，美華藝術協會就有三種獎，一是「亞洲最傑出藝人獎」，一是「終身藝術成就獎」，另一則是「特別獎」。為什麼要設立「特別獎」呢？因為在一些亞洲社區，有一些人士為藝術出錢出力，他們也許本身的藝術成就不高，可是他們對藝術的貢獻卻同樣值得鼓勵，所以才有「特別獎」的創立。我們美華藝術協會的頒獎典禮，到了這時候已創下了兩個高峰。一是馬友友來領「亞洲最傑出藝人獎」，另一則是張君秋來領「終身藝術成就獎」。他們兩位的領獎的確拉抬了美華這個獎項不少聲勢。

每一個獎項都有它局限性的，即使是奧斯卡獎或是諾貝爾獎，也各自有它們的局限性。但是，在海峽兩岸三地的各種獎項之中，不管是金馬獎也好，金雞百花獎也好，沒有一個獎這三十年來的得獎名單可以比得上我們，不可能的。我們有傅聰、馬友友、林昭亮、張君秋、童芷苓、李天祿、張君秋、梅葆玖等等。你現在要頒給獎給馬友友，有可能嗎？他也不會去領的。這就應了一句話，命中有時終須有，命中無時莫強求。現在京劇界中有多少人在等領這個獎，他們心裡想：「我要得了這個獎，我的地位就跟張君秋、梅葆玖一樣了。」這真是個大錯特錯的想法。要知道，張君秋不是因為得了這個獎才成為張君秋，而是因為他是張君秋才得這個獎。

張君秋嗓子極好，但是沒有什麼身段。所以，他應該說是個歌唱藝術家，而不是個表演藝術家。有人稱他是「張一指」，意思是說，他所會的身段就是東指一指，西指一指，如是而已。當年他到上海戲劇學校教漢明妃，當中有個學生就是顧正秋，所以顧正秋管他叫老師。但是，漢明妃中有許多複雜的身段，張君秋是自己來不了的。

總而言之，我在紐約這幾十年累積了這一點小成績，是一點點熬出來的。我又沒有人，又沒有錢，憑著就是我的膽量、運氣和一些貴人的相助。張老師風光離開紐約之後，我是非常想念他的，成就那麼高，人那麼厚道，那麼本分老實，一輩子辛苦養活了那麼多人，晚年一舉一動卻完全控制在老婆手裡，真苦了他了，外面的風光體面，事實上他一輩子受了多少的委屈，舊中國的戲劇圈要生存要吃口飯多難呀，社會上的牛鬼蛇神都要面面俱到打點好，得罪那方都萬萬不可，文化大革命這一役二十年多苦呀，而張君秋老師對京劇界的貢獻是無人可及的，中國現在好了，起飛了，但是他自己卻一點沒有享受到，幾十年來我看在眼裡記在心裡，老天爺有時候也真不公平。

越劇表演藝術家 PERFORMER

金 采風

JIN CAI-FENG

中國戲劇牡丹花越劇的天王巨星，
「三天可以不喝茶，
但不能三天不看金采風。」
南方金采風，北方梅蘭芳。

中國有三百多種地方戲，其中越劇在中國所有的劇種當中很有影響力，尤其江南一帶，是中國戲劇的一枝牡丹花。七〇年代我年少時從台灣到香港，當晚看的第一部電影就是金采風主演的《碧玉簪》，那部電影讓我印象非常深刻。後來整本所有的劇情、唱詞，都被大導演李翰祥搬到台灣來用黃梅調的形式拍成另一個版本的電影叫《狀元及第》，由江青、鈕方雨主演。

真是很有緣的，第一次到上海我就認識了金老師。過程我也不記得了，當時就覺得她人好好，這麼柔美的藝術、這麼紅，但是沒有一點大頭症，後來我們一交往就是幾十年一直到現在。越劇有十姐妹，大部分是當時最紅的小旦小生，包括袁雪芬、范瑞娟、徐玉蘭、尹桂芳、傅全香、筱丹桂、竺水招、張桂鳳、徐天紅、吳小樓等。其中好幾位我都請他們來過紐約，不是得獎就是演出。金采風今年已經八十多歲了，她是越劇最後一個派別。袁雪芬有袁派，徐玉蘭有徐派，尹桂芳有尹派，范瑞娟有范派。金采風是最後的金派，金派以後，越劇就再也沒有所謂的「派」了。

我本身家族是上海人，我從小就會講上海話，上海話跟越劇的紹興話是很相似的。所以，除了京劇以外，我最熟悉的就是越劇，我最喜歡京劇，其次就是越劇，這也是我喜歡結交越劇表演藝術家的理由。當年周恩來總理也好戲，他說過一句很有名的話：「三天可以不喝茶，但不能三天不看金采風。」南方金采風，北方梅蘭芳，這是喜歡金采風的人的說法。

有人問我：「你請那些人來幹嘛？」大多數又是沒有票房的。但金采風有票房，因為越劇是個大劇種，在上海地區的觀眾群還超過京劇。在紐約有很多老僑是來自上海或江南地區，他們都喜歡越劇。八〇年代，皇后區的皇后圖書館開幕，這個圖書館下面有個場地，剛好我拿到了這個劇場開幕演出的合約，所以我就請金采風來演《碧玉簪》，那是這個圖書館推出的第一台中國戲。那時候外面排隊的人群有兩條街這麼長，而且等待進場的觀眾還在外面打架，可以說是創了紐約的紀錄。我想，一來是因為看戲是免費的，另一個原因是觀眾實在餓戲餓太久了。

金采風那次總共演了兩齣戲，一是《碧玉簪》，一是《盤夫索夫》。那時金采風是獨自一人來的紐約，那其他的演員、文武場怎麼辦呢？八〇年代開始，皇后區的中國城，有很多的上海人，有小上海灘之稱。越劇的班底非常多，裡面唱越劇的，各式各樣的角色都有，而且有的文武場是可以用國樂來代替的。我請到了很好的樂隊，在皇后區演了兩場之後，她也到林肯中心領取了「亞洲最傑出藝人獎」，跟她同時領獎的是台灣的藝人魏海敏，和明華園的老團長陳明吉。頒獎典禮晚會上是孫元坡和魏海敏演出《霸王別姬》，頒獎的人是NEA駐紐約的代表Dr. John Heywood。

我每次去上海都會去看金采風，每隔一陣子金采風也會給我打電話。雖然她比我大，但是她跟我很有緣分，總是叫我「龍章弟弟啊，龍章弟弟啊」。她本來師承袁雪芬，人也非常好，到這個年紀還經常到各小區或老人中心去演講清唱。現在她八十多歲了，自創了金派。

我這幾十年來，看著國寶來、國寶去。有的有緣分的，像金采風就跟我成了好朋友，有的是領獎之後，老死不相往來。金采風在紐約表演的時候，那些熱情的華僑，硬是一個花籃一個花籃的美金往台上送。難得的是她只一個人來紐約，但是我就是有本事把其他的條件都齊了給她。

金采鳳老師在紐約皇后區演出《碧玉簪》謝幕。

越劇名伶金采風女士。

越劇表演藝術家 PERFORMER

尹桂芳

YIN GUI-FANG

傅全香

FU QUAN-XIANG

早年越劇每人一派。
當年三、四十年代在上海灘的紅，
可不是張三李四比得上的，
就算當今的張學友也不夠看。

解放初期，中國戲劇百花齊放，在江南一帶越劇紹興戲更是獨領風騷，徐玉蘭是越劇電影《紅樓夢》的主角，她演賈寶玉，那時候十億人口沒有人不知道《紅樓夢》，沒有人不知道賈寶玉的。今天你到上海去參觀紅樓夢的大觀園的觀光園地，每一分鐘空氣裡都是徐玉蘭、王文娟在唱：「天上掉下個林妹妹。」沒有人不知道的。

但是以我的看劇水準，徐玉蘭再好怎麼好得過我的老師尹桂芳的賈寶玉呢！可惜尹老師沒有這個命，台上一齣戲，台下一齣戲，台下的戲比台上難唱多了，尹老師台下的那齣戲沒唱好，最後只能從上海移居到福建，在福建成立了「芳華越劇團」，雖然也算成功，但怎麼可以跟上海這個大碼頭比呢！等尹老師再回到上海的時候年紀也過了，大勢也去了，再加上一個病魔，也就終止了「人民藝術家」尹桂芳的時代，當年的《沙漠王子》、《何文秀》、《黛玉與寶玉》就成了《屈原》鬱鬱不得志，含恨而亡。

越劇又有個無旦不傳的傅全香，好像在京劇界是無旦不張一樣。每個學青衣的人都要學張派的。傅老師的歌腔真假嗓相互交叉運用，三十年代一齣《王魁負桂英》，一段梁祝「我家有個小九妹」真是紅遍大江南北，共產黨把這幾個老藝術家保護得很好的，傅派是越劇中的大派之一。傅全香在紐約領了獎之後，我安排她在中國城演出了梁祝〈樓台會〉，非常轟動，賓主盡歡，大家開心。很奇怪紐約這塊寶地，華人中看中國戲劇的觀眾群最多的就是粵劇、京劇和越劇，其他劇種閩劇、黃梅戲我也請過，就是不上座。

我呢，因為佔了紐約林肯中心的頭銜，所以常常有機會請大陸的知名演員到紐約演出。而大陸的演

越劇無旦不傳的傅全香贈親筆畫予周龍章。

員、台灣的演員當年最喜歡出國表演，八〇年代末、九〇年代初，如果能出國演一場，回到大陸就不得了了，他的名氣就大跳三級。是人生最風光的時候，人人想來國外宣揚國粹。八〇年代美華藝術協會寫一張聘書給大陸的演員，誇張一點的說，他們都會把我的聘書裱起來貼在牆上的。那只能說我是「in the right place, in the right time」，別的人沒有這麼好的機會，只能說是好運讓我碰到了。而且我又願意做這種事情，我願為藝人做牛馬，那你能怎麼辦？

後來大陸改革開放，我到上海去拜師，我拜尹桂芳為老師，沒過多久尹老師病了，變成個活死人，這樣子哦哦哦啊地，天天被人抱進去抱出來。嘴巴連話也講不清楚，你想當年在台上萬人崇拜的人民藝術家尹桂芳、活寶玉，最後在家裡寂寞的走了。現在又看到當年在台上「打神」似乎會飛的傅全香，孤伶伶的在醫院，白天等晚上，晚上等天亮。心裡真是難過，我已有兩年沒看見傅老師了，但我常問，傅老師還在嗎？她身邊的人說：「罪過啊，罪過啊，還在，還在。」

她坐在輪椅上，照顧她的葛小阿姨是個戲迷，心甘情願地扒心扒肝地看護她。最後兩年我去上海華東醫院看她，沒病的時候她是很風光的，因為她有好多學生啊，其中有一個不小心嫁入豪門，是上海房地產的大亨。所以傅全香手上就有張金卡，到哪裡去吃飯只要簽個字用不要錢的。我就吃過好幾餐。但那又怎麼樣呢？老天爺對你好的時候，你什麼都有，但一場病來的時候，就得乖乖地躺在醫院。現在你看，這麼紅的演員，最後在華東醫院的九樓，坐在輪椅上，白天等晚上，晚上等天亮，唉！這就是人生。

後記——

我說京劇

我是不學無術，但最反對唱戲要學什麼派，什麼派的。世界上任何藝術這個東西，最講究的就是首創。不能光學著要成為一個copycat，也就是我們中文所謂的「山寨版」。如果開口閉口就是八、九十年前的陳年往事，非要後學者個個成為山寨版梅派傳人、程派傳人、馬派傳人，有什麼意義？但是很多老先生一輩子研究程派、梅派、馬派，你若要否定他們的作法，等於他們這一輩子都白活了。

民國二十年、三十年代，唱京劇的好角有多少啊。喜歡京劇的人又有多少啊。梅蘭芳不見得是最好的。現在他留下來的帶子就可以證明。當然，有人會說，亞倫！你看的帶子是他已經老了，他年輕的時候可是好得不得了。老什麼老啊，他死的時候才六十多歲，趙燕俠、杜近芳、童芷苓，七十多歲還在台上：「青春整二八，生長在貧家」《金玉奴》呢。宋長榮老師七十二歲還在紐約市政廳《坐樓殺惜》呢！當今京朝大角那個不是過六十還在台上生龍活虎滿台飛？然後人家又說周龍章根本不懂戲。比專業我承認我是不懂，但我兩歲家人抱著開始看戲，一看看了六十年，生旦淨丑角色演過無數個，在海外辦戲也辦了數百齣，大角小角請來紐約演出過百人，像我這樣的觀眾硬說不懂戲，那這戲本身應該有問題，也太難懂了，您大人想號召什麼樣懂戲的觀眾入場呢？

某次在上海餐聚余秋雨老師曾說，梅蘭芳當年所謂的四大名旦之首，是一九二七年上海的一家小報《順天時報》選秀捧出來的。當年並沒什麼大的影響，選秀嘛！遊戲遊戲，炒作炒作，捧捧角兒，《順天時報》稱他是「比女人還要女人」。

男旦的第一要件，就是要漂亮。現在的劉錚也好，胡文閣也好，楊蕊也好，李玉剛等都至少像個女人嘛。都比當年的大師漂亮修身。當然現今的化裝術也比當年高出幾個班，但梅蘭芳這麼一個大漢那裡像個女人呢，留下來的《洛神》，光是那條腰就嚇死人。

唉！時代是也不同了，就連四大名旦中的程硯秋、尚小雲留下來的帶子，只要沒有意識型態的話只能說慘不忍睹。尚小雲的《昭君出塞》，坐在車裡抱個琵琶像大美人的樣嗎？《失子驚瘋》更是男人演女子穿女子服裝不作女子動作，程硯秋在荒山淚裡簡直像個鬼嘛。尤其他的水袖，傳說中說是有多好，其實，在我看來，簡直就是胡飛亂舞。吃他這套的死忠，說那就是化了，化了就可以亂來嗎？現在小輩學程的，那一個不比程硯秋更規範的，更邊式更乾乾淨淨，你看張火丁的春閨夢，呂洋的梅妃那才叫古典美人，那才叫美呀！

世界上沒有一個表演藝術家，是因為學另一個表演藝術家而才被肯定為表演藝術家的。弄一堆「山寨版」的梅派傳人、程派傳人、馬派傳人，有意義嗎？再說，新一代有智的觀眾吃這一套嗎？也從沒聽說過義大利歌劇家有什麼派的，任何一個真正的戲劇家就要有自已的風格，因為你是你他是他，無論你學得有多麼的像，你不可能是他，他更不可能是你，年輕人寧可玩自已的東西。

在紐約家裡，幾乎我每天都看中央電視台的戲劇節目。他們的鏡頭是不能拉開的。一拉開，就現出原形了。原來，只有前三五排有觀眾，後面幾排全空著。沒有觀眾怎麼辦呢？好吧，就弄個大獎賽吧，劈哩嘩啦弄了一大堆人。你也十五分鐘，他也十五分鐘。大家煞有其事，那些老爺子一本正經坐在那邊點評、高談闊論，賣弄自已的所謂專家知識，講點行話，以為自已是君臨城下。大獎賽完後，出來了這個第一名，那個第二名等等，但是根本與事無補，門都沒有。因為社會的風氣，根本不吃這一套了。那為什麼還要設置一些必要的條條框框呢？

所謂「新學戲的孩子，要學穿破不穿錯」，這明擺著不准進步。什麼叫錯，什麼叫對呢？何況，現在這個年代台上還有穿破行頭上台的嗎？

京劇所有的皇娘娘，《大登殿》也好，《王寶釧》也好，《貴妃醉酒》也好，都是一套鳳冠霞帔到底。為什麼？因為當初中國很窮嘛。就這麼幾套行頭，只好左用右用。像是青衣窮一點的角色，都是一件黑褶子，一副銀泡頭面，柳迎春也一件黑褶子，王寶釧在寒窯裡也是一件黑褶子。

可是，今天你怎麼穿破不穿錯呢？就不能進步嗎？八、九十年前的東西就是零缺點了嗎？這不是限制了戲劇的發展嗎？中華戲劇到了今天二十一世紀，該醒醒了，台上任何一個角色，就應該依他的時代背景和朝代、環境、角色個性重新設計他的服裝啊。哪能一套銀泡頭面，一件黑褶子，就打發掉？以前不進步，有很多理由不進步。現在你不進步，你就是懶，你就是騙。你就是在混事，就是皇帝的新衣，就是偷雞模狗。你看所有將領，都是一個靠，所有的官，都是一件蟒，什麼朝代也不分。現在這種東西是無法說服人的。你們去自娛自樂吧。我不來看總可以吧。所以，觀眾就愈來愈少了。

京劇真要有新的未來，要有些根本的變革。

附錄

歷屆亞洲最傑出藝人獎得獎人名單

第一屆　李麗華女士（電影演員）　黃安源先生（國樂家）
第二屆　馬友友先生（大提琴家）　江青女士（舞蹈家）
第三屆　童芷苓女士（京劇表演藝術家）　郭小莊女士（國劇表演藝術家）
第四屆　林昭亮先生（小提琴家）　李寶春先生（京劇表演藝術家）
第五屆　傅聰先生（鋼琴家）　黃哲倫先生（電影舞台作家）
第六屆　徐露女士（國劇表演藝術家　華文漪女士（崑劇表演藝術家）
第七屆　羅品超（粵劇表演藝術家）　常相玉女士（豫劇表演藝術家）
第八屆　齊淑芳女士（京劇表演藝術家）　羅大佑先生（作曲家）
第九屆　嚴蘭靜女士（國劇表演藝術家）　梅葆玖先生（京劇表演藝術家）
第十屆　胡少安先生（國劇表演藝術家）　楊麗花女士（歌仔戲表演藝術家）
第十一屆　紅虹女士（粵劇表演藝術家）
同時頒發第一屆終身藝術成就獎給張君秋先生及顧正秋女士
第十二屆　王海玲女士（豫劇表演藝術家）
同時頒發第二屆終身藝術成就獎給李天祿先生

第十三屆　魏海敏女士（國劇表演藝術家）　金采風女士（越劇表演藝術家）
同時頒發第三屆終身藝術成就獎給陳明吉先生（歌仔戲表演藝術家）

第十四屆　言興朋先生（京劇表演藝術家）　葉青女士（歌仔戲表演藝術家）
楊淑蕊女士（京劇表演藝術家）

第十五屆　薛亞萍女士（京劇表演藝術家）　呂瑞英女士（越劇表演藝術家）
同時頒發第四屆終身藝術成就獎給張岫雲女士（豫劇表演藝術家）
及袁世海先生（京劇表演藝術家）

第十六屆　劉長瑜女士（京劇表演藝術家）　王海波女士（國劇表演藝術家）
同時頒發終身藝術成就獎給林懷民先生

第十七屆　孫翠鳳女士（歌仔戲表演藝術家）　李桐春先生（國劇表演藝術家）
同時頒發第六屆終身藝術成就獎給新鳳霞女士及裴豔玲女士

第十八屆　張學津先生（京劇表演藝術家）　楊春霞女士（京劇表演藝術家）
同時頒發第七屆終身藝術成就獎給關靜蘭女士及尹桂芳女士

第十九屆　李炳淑女士（京劇表演藝術家）　李國修先生（舞台劇表演藝術家）
同時頒發第八屆終身藝術成就獎給盧燕女士及特別獎給秦雪玲女士

第二十屆　廖瓊枝女士（歌仔劇表演藝術家）　吳兆南先生（相聲表演藝術家）
同時頒發第九屆終身藝術成就獎給戚雅仙女士

第二十一屆　王金平先生（國樂表演藝術家）　計鎮華先生（崑劇表演藝術家）
同時頒發第十屆終身藝術成就獎給紅線女

第二十二屆　岳美緹女士（崑劇表演藝術家）
同時頒發第十一屆終身藝術成就獎給張少樓女士及薛亞萍女士
第二十三屆　沈偉先生（現代舞蹈家）　關俠先生（作曲家）
第二十四屆　彭麗媛女士（歌劇演唱家）
第二十五屆　陳美娥女士（台灣漢唐樂府創辦人）　張克先生（京劇表演藝術家）
同時頒發第十二屆終身藝術成就獎給李瑞環先生（編劇家）
第二十六屆　李炳淑女士（京劇表演藝術家）
第二十七屆　馬蘭女士（黃梅戲表演藝術家）　蔡正仁先生（崑劇表演藝術家）
張火丁女士（程派京劇藝術家）

自二〇一〇年後中國城萬歲節目改為紐約中國電影節，亞洲最傑出藝人獎也改由電影界的演員領取。
另加設最佳導演獎。

紐約中國電影節得獎名單

第一屆（二〇一〇年）：亞洲最傑出藝人獎：張柏芝、吳彥祖、蘇有朋、蔣雯麗／最佳導演：程小東
第二屆（二〇一一年）：亞洲最傑出藝人獎：黎明、秦海璐、徐若瑄、韓庚／最佳導演：高曉松
第三屆（二〇一二年）：亞洲最傑出藝人獎：章子怡、郭富城、吳君如、伊能靜／最佳導演：趙林山
第四屆（二〇一三年）：亞洲最傑出藝人獎：趙薇、吳秀波、甄子丹、楊千樺／最佳導演：趙薇

LOCUS

LOCUS

LOCUS

LOCUS